영적 순례자들을 위한 40일 묵상

기도하며 함께 걷는
이방의 길

Forty day Meditations for Spiritual Pilgrims

도서출판사 **TOBIA**

강신덕 목사는

서울신학대학교와 캐나다 밴쿠버 리젠트 칼리지에서 기독교교육과 제자훈련을 공부하고 기독교대한성결교회 총회 교육국에서 오랫동안 성서 교재 만드는 일에 헌신했다. 현재는 샬롬교회 책임목사로 사역하고 있으며, 토비아선교회에서 순례와 말씀 아카데미 그리고 순례와 성서 관련 기독교 신앙 콘텐츠 선교와 강의 등으로 헌신하고 있다. 그 외에 다양한 번역과 저술 활동에도 힘쓰고 있다. 『예수의 길』, 『바울의 길』, 『갈릴리의 길』 등 순례자를 위한 길 위 묵상집을 비롯한 여러 저서가 있다.

영적 순례자들을 위한 40일 묵상

기도하며 함께 걷는 이방의 길

Forty day Meditations for Spiritual Pilgrims

1판1쇄 2022년 2월 9일

저자_강신덕
책임편집_오인표
디자인_오인표 김진혁
홍보/마케팅_전원희 지동혁
펴낸이_강신덕
펴낸곳_도서출판 토비아
등록_107-28-69342
주소_03383) 서울특별시 은평구 은평로 21길31-12, 4층
        T 02-738-2082 F 02-738-2083
인쇄_삼영인쇄사 02-2273-3521

ISBN: 979-11-91729-06-1 03230

영적 순례자들을 위한 40일 묵상

기도하며 함께 걷는

이방의 길

Forty day Meditations for Spiritual Pilgrims

도서출판사 **TOBIA**

"이방의 길" 묵상집은
순례하는 마음으로 믿음의 길을 가는 여러분을 위해 만들었습니다.

1. 일상에서 순례자로 말씀 묵상을 원하시는 분들에게 40일간의 묵상을 권합니다.
2. 국내외 성지순례를 계획하신다면 이 묵상집과 함께 순례의 길을 떠나시기 바랍니다.
3. 사순절과 고난주간 그리고 부활절을 묵상하며 보내는 자료로 활용하실 수 있습니다.
4. 새벽기도와 같은 공동체의 의미 있는 기도와 말씀 나눔에 활용하셔도 좋습니다.

토비아선교회 유튜브채널

토비아선교회는 '토비아유튜브채널'을 통해 다양한 신앙 콘텐츠를 제작하여 업로드하고 있습니다. 아래 QR코드를 스마트폰 카메라로 스캔하시면 토비아유튜브채널에서 제공하는 다양한 영상콘텐츠를 시청할 수 있습니다.

랜선순례콘텐츠(시즌1 예수의 길, 시즌2 바울의 길 편)는 토비아선교회가 제작하여 유튜브채널을 통해 공개한 영상 성지순례입니다. 예수님께서 사역하신 역사와 지리, 그 현장의 이야기와 깊은 묵상의 주제를 함께 나눕니다.

토비아선교회
유튜브채널

토비아선교회
랜선순례콘텐츠

Prologue

낯선 땅으로 보내심

낯선 사람들과의 만남

떠나라는 부르심

이방을 향한 사명

Epilogue

Forty day Meditations for Spiritual Pilgrims

Prologue

이방의 땅

40일간의 낯선 여행

하나님의 사람들에게 '이방의 땅foreign land'은 하나님에게서 등진 아담의 후예, 가인과 그 후손들이 사는 곳입니다. 그 땅은 가인에게서 개척되고, 라멕에게서 강화되었으며, 니므롯과 그 후예들인 애굽과 바벨론을 비롯한 여러 나라에 의해 확장되었습니다. 가인의 후손들은 하나님을 멀리하면서 줄곧 이기적이고 교만한 마음을 강화했으며, 그들이 사는 땅과 사람들과 피조물들을 자기들의 탐욕스럽고 잔인한 풍습 아래 굴복시켰습니다. 그들은 자기들이 차지한 땅을 메마르고 거칠게 다루어 결국에 사람과 피조물조차 깃들지 못할 곳으로 만들었습니다. 하나님의 사람들은 가인의 자손이 번성하던 역사 내내 그들의 땅을 '거류하는 나그네resident alien'로 살았습니다. 그것이 때로는 하나님 진노의 결과라 하더라도 그들의 사명은 분명했습니다. 그들이 사는 이방의 땅 그곳의 평안을 구하는 것입니다. 그 땅과 사람들 그리고 피조물을 하나님의 구원으로 인도하여 하나님의 새로운 창조 질서 가운데 살게 하는 것입니다.

이 사명은 아담의 셋째 아들 셋Seth을 이어 노아로 흘러갔고 셈Shem을 이어 아브라함으로 그리고 이스라엘로 이어졌습니다. 이제 그 사

흑암에 앉은 백성이 큰 빛을 보았고
사망의 땅과 그늘에 앉은 자들에게
빛이 비치었도다 하였느니라

마태복음 4장 16절

명은 예수님 이후 제자들과 사도들, 교회들에게 지상 과제요 사명이 되었습니다. '부름받은 하나님의 백성'은 성경의 시대와 예수님의 시대 그리고 교회의 시대 내내 이방의 땅을 공략해 왔습니다. 하나님께서는 끊임없이 그 땅으로 당신의 사람들을 보내시고, 보냄 받은 사람들은 그 땅을 하나님의 창조 질서 아래 회복된 땅으로 만들기 위해 부단히 노력했습니다. 성경의 하나님의 사람들은 그들이 신실했던 한에 모두 다 이방의 땅과 사람들 사이 놓인 길을 부르심과 신앙의 뜻으로 여행했습니다. 그들 모두는 이방의 길 여행자들입니다. 그들이 걸었던 사명의 길은 대부분 샛길이었습니다. 보일 듯 보이지 않는 길, 남들이 인지할 듯 알지 못하는 길이었습니다.

오늘 우리는 그 길을 복음 전도의 길이라고 부르기도 합니다. 혹은 선교의 길이라고 부르기도 합니다. 혹은 인간 회복의 길, 혹은 교회 부흥의 길이라고 부르기도 합니다. 누군가는 그것을 족장의 길이라고 부르기도 하고 예언자의 길이라고 부르기도 하며, 예수의 길 혹은 바울의 길이라고 부르기도 합니다. 무엇이라 부르든 그것은 중요하지 않습니다. 중요한 것은 하나님께서 끊임없이 당신의 사람들을 낯선 곳으로 나아가게 하시고 그 땅과 그곳 이방의 길들을 여행하게 하신다는 것입니다. 그 여행은 우리의 가까운 거리 이방 땅을 향할 수도 있고 먼 거리 완전히 낯선 곳을 향한 것일 수도 있습니다. 먼 곳이든 가까운 곳이든 이방의 땅과 길을 여행하는 일은 그 자체로 낯설고 이상합니다. 동시에 놀랍고 경이롭습니다.

이제 그 낯설고 이상하며 놀랍고 경이로운 여행에 여러분을 초대합니다. 아브라함이 걸었고 모세가 걸었으며 선지자들과 바울 심지어 우리 예수님께서도 이 여행길을 지나셨으니 주저할 일은 아닙니다. 그저 이 책이 이끄는 대로 하나님의 초대에 응답하기를 바랍니다.

그리고 우리가 살아가는 세상이 우리 하나님의 사람들에게 얼마나 낯선 곳인지를 살피기를 바랍니다. 그리고 그 낯선 곳에서 우리가 인식하고 분별하여 마땅히 해야 할 일이 무엇인지를 얻으시기를 바랍니다. 40일간의 낯선 여행에 여러분을 초대합니다. 여행을 마치는 날 이방 땅의 현실 가운데 하나님의 사람으로 산다는 것이 얼마나 값지고 놀라운 일인지를 품으실 수 있기를 바랍니다. 여러분의 즐거운 여행을 위해 기도합니다.

녹번 토비아에서

강신덕

Forty day Meditations for Spiritual Pilgrims

낯선 땅으로 보내심

Forty day Meditations for Spiritual Pilgrims

낯선 땅으로 보내심

자기를 위한 성을 쌓는 땅

창세기 4장 17~26절

성경 최초의 이방인은 가인입니다. 가인은 미워하는 마음과 폭력의 의지 가운데 자신의 동생 아벨을 잔인하게 죽이고 말았습니다. 가인은 곧 아버지와 어머니와 함께 살던 땅을 떠났습니다. 그리고 에덴의 동편, 놋 땅the land of Nod에 가서 새 삶을 꾸렸습니다창 4:16. 하나님께서는 동생을 죽인 가인이 이 세상을 방황하며 살 것이고 어디에 살아도 그 땅을 기업으로 누리지 못할 것이라 말씀하셨습니다. 하나님께서 아버지 아담에게 주신 땅에 대한 노동의 권리, 즉 땅을 통해 스스로 생을 이어갈 수단을 상실하게 된 것입니다. 그는 땅의 거절이라는 저주스러운 현실을 직면해야 했습니다. 하나님께서는 그에게 또 다른 미움과 폭력으로부터 자신을 보호할 도구를 주셨습니다. 그러나 가인은 하나님의 보호보다는 스스로 자신을 보호하는 장치 마련에 주력했습니다. 가인은 그렇게 자기를 위해 성을 쌓았습니다창 4:17. 이제 그의 에녹성은 하나님의 창조하신 세상과 타인에게 적대적인 이방 세계의 전형이 되었습니다.

이방의 땅은 하나님께서 창조하신 피조 세계와 및 하나님의 백성들과 대척점에 서 있습니다창 4:23-24. 그들이 사는 땅은 가인에게 주어

진 벌이 이어져 만족스러운 소산물을 내놓지 않습니다. 결국 이방의 땅 사람들은 이웃을 침략하여 그들에게서 소산물을 빼앗고 그들의 삶을 짓밟습니다. 그뿐만이 아닙니다. 이방의 땅 사람들은 자기들끼리 마저도 적대적입니다. 그들은 가진 것을 서로 연대하거나 공유하

지 않습니다. 그들은 서로 갈등하며 대립하고 서로 적대적인 자세를 견지합니다. 그들이 서로 연대하는 경우는 선한 사람들의 소산물을 빼앗고 그곳을 짓밟을 때 뿐입니다. 하나님의 백성은 곳곳에 서 있는 에녹성 사이사이에서 하늘 나그네로 살아갑니다. 하나님의 백성에게 하나님의 뜻과 은혜와 질서에 대립하여 서 있는 이방의 땅, 이방의 도시들은 큰 위협입니다. 그러나 하나님의 백성은 그 모든 위협 가운데도 하나님의 이름을 부르며 예배하는 삶을 이어갑니다. 그것이 셋 Seth과 에노스Enos를 비롯한 하나님의 백성이 가인의 자손들 사이에서 살아간 삶의 현실입니다창 4:25-26. 무도한 이방의 땅 틈바구니를 살아가는 셋과 에노스의 현실은 오늘 우리에게 계속됩니다. 하나님의 백성은 오늘도 셋과 에노스의 자손으로서 이방의 땅 사이사이에서 하나님을 예배합니다. 하나님을 향한 예배는 우리 하나님의 백성이 지켜야 하는 창세기적 사명입니다.

가인의 이방 땅 사이에 선 우리의 기도

적대적인 이방의 땅 사이에 선 현실에서도 하나님을 예배하는 마음을 이어가게 하소서.

하나님과 맞서는 땅

창세기 11장 1~26절

바벨탑은 노아의 자손 가운데 함Ham과 가나안Canaan의 자손 니므롯Nimrod과 그 일행이 아라랏 산으로부터 동쪽으로 이동해 시날 땅the land of Shinar에 정착한 뒤 건설한 탑입니다. 성경 창세기 10장과 11장을 서로 연결해 읽어보면, 니므롯과 그의 사람들은 시날 땅에 정착해 "바벨과 에렉과 악갓과 갈레" 등의 도시들을 건설했습니다창 10:6-12. 그리고 바벨탑도 함께 건설했습니다. 그들은 하나님보다 자기들을 더 높이고자 했던 사람들이었습니다. 한편, 이 시기 셈Shem의 자손도 시날 평지로 와서 함의 자손과 땅을 공유하며 살았습니다. 그런데 함의 자손들과 삶의 자리를 공유하는 일은 좋지 않은 상황의 연속이었습니다. 하나님 앞에서 함의 자손이 교만하기 시작하자 셈의 자손은 점점 그들과 사이가 벌어지게 된 것입니다. 그렇게 '건너다'라는 뜻의 에벨Eber의 시대를 지나 '나뉘다'라는 뜻의 벨렉Peleg의 시대에 이르러 결국 바벨탑 사건이 일어나면서 노아의 자손들은 서로 완전히 다른 길로 나아갔습니다창 10:25, 대상 1:19. 하나님께서 바벨탑을 세운 교만한 사람들을 흩기도 하셨거니와, 또한 그 가운데 하나님의 사람들과 교만한 이방의 땅 사람들은 서로 다른 길을 열었기 때문입니다.

　이방의 땅 가운데 하나님의 백성은 그 땅을 주도하는 사람들이 벌이는 점입가경의 교만함을 지켜보아야 합니다. 홍수의 큰 심판 이후에도 사라지지 않은 가인과 라멕의 악하고 교만한 기질은 함과 가나안 그리고 니므롯을 비롯한 그의 후손들에게 계속 이어졌습니다. 그

또 말하되 자, 성읍과 탑을 건설하여
그 탑 꼭대기를 하늘에 닿게 하여
우리 이름을 내고 온 지면에 흩어짐을 면하자 하였더니

창세기 11장 4절

들은 자기들의 땅에 에녹성을 닮은, 아니 에녹성보다 더 견고하고 드높은 바벨탑을 건설하고 자기를 높이는 데만 열중하는 방법으로 그 땅을 지배합니다. 당연히 이방의 땅에서 함께 살아가는 하나님의 백성은 그 마음이 편치 않게 됩니다. 하나님의 백성은 이방의 땅에서 그 땅의 주인들이 추구하는 것과는 완전히 다른 방식으로 하나님 앞에서 겸손하게, 형제와 이웃을 향해 진정한 동반자로, 그리고 피조물에 대한 신실한 청지기의 마음으로 살아갑니다. 그렇게 이방의 땅 교만한 사람들과 갈등하며 그들이 만드는 자고한 세상과 대립하고 결국에 길을 달리하게 됩니다. 우리 역시 오늘 이방의 땅을 살아가는 하나님의 백성입니다. 우리의 생각과 자세, 삶을 살아가는 방식은 이방의 땅에서 주인 행세를 하는 이들의 그것과는 질적으로, 근본적으로 다릅니다. 우리는 이 땅의 주인을 자처하는 이들과 분리된 길을 걷습니다. 하나님의 백성은 이방 땅으로부터 하늘 하나님의 나라로 방향을 잡고 길을 나서는 사람들입니다.

이방의 땅에서 갈등 가운데 드리는 기도
하나님, 우리가 바벨탑을 향한 길이 아니라 하나님 나라를 향한 길로 걷게 하소서.

주인일 수 없는 땅

창세기 26장 12~22절

　　이삭은 아버지 아브라함이 살아온 땅에서 계속 살아가도록 사명을 받았습니다. 그러나 그 땅에서의 삶은 쉽지 않았습니다. 그는 아내를 그 땅의 지배자인 그랄의 왕 아비멜렉에게 빼앗길 뻔했습니다. 그뿐 아니었습니다. 블레셋 땅 사람들은 이삭의 아버지 아브라함이 파서 사용하는 우물들을 빼앗았습니다. 아비멜렉은 이삭에게 아브라함이 살던 땅에서 떠날 것을 종용했습니다. 이삭은 그 땅 사람들의 요구를 받아들였습니다. 그는 다른 곳으로 가서 거기서 새 우물을 팠습니다. 그런데 사람들은 그가 판 새 우물도 탐냈습니다. 이삭은 우물의 이름을 '다툼contention'이라는 뜻의 '에섹Esek'이라고 부르며 두말없이 그곳을 떠났습니다창 26:20. 그리고 새로운 곳에서 새 우물을 팠습니다. 그런데 이번에도 사람들은 이삭을 따라와 시비를 걸었습니다. 이삭은 다시 그곳을 떠났습니다. 그리고 두 번째 우물을 '적대감hostility'이라는 뜻의 '싯나Sitnah'라고 이름했습니다창 26:21. 이제 이삭은 세 번째 자리에서 세 번째 우물을 팠습니다. 그런데 이번에는 그 땅 사람들의 시비가 없었습니다. 그래서 그는 그 이름을 '여지餘地, room'를 얻었다는 뜻으로 '르호봇Rehoboth'이라고 불렀습니다창 26:22.

  이삭은 주인이 될 수 없는 땅에서 사명을 품고 살았습니다. 그는
아버지가 그러했듯 자신도 그 땅을 '거류wander'했습니다. 그 땅 사람
들은 이삭에게 모질게 굴었습니다. 그가 천막을 치고 사는 땅을 빼앗
고, 그의 아내를 탐냈으며, 그가 권리로 누리는 아브라함의 우물을 빼

앗았고, 그가 새로 판 우물들마저도 탐냈습니다. 이삭은 자기가 판 우물들에 대해 권리를 주장하지 않았습니다. 그는 갈등을 피했고 적대적인 대립 앞에서 스스로를 물렸습니다. 그러나 그는 그 어떤 주인된 권리를 누릴 수 없음을 알면서도 그가 거류하는 땅에서 신실했습니다. 이삭은 갈등과 대립, 적대감을 피하고 나서는 언제나 새 우물을 파냈고 그렇게 결국 자기 우물을 얻고 살 자리를 얻게 되었을 때 "그 땅에서 번성하리라"며 감사했습니다창 26:22. 하나님의 사람 이삭은 주인으로 그 땅을 다스리는 사람이 되기보다는 그 땅에서 신실한 사람이 되기를 선택했습니다. 사명으로 이방의 땅에 선 하나님의 백성은 그 땅을 복되게 하고 그 땅에 하나님의 은혜를 전합니다. 땅과 그 위 모든 것을 차지하려는 욕심만 가득한 사람들 사이에서 소유보다는 복이기를 바라는 사람들, 그들이 바로 하나님의 백성입니다.

사명으로 선 땅에서 드리는 기도

땅을 차지하기보다 그 땅을 복되게 하고 사람들을 평안하게 하는 사명을 이루게 하소서.

하나님의 백성을 미워하는 땅

민수기 22장 1-13절

    이스라엘 자손이 약속의 땅 가나안으로 가는 경로에는 이방의 땅들이 놓여있었습니다. 출애굽 해서 가데스바네아를 통해 가나안에 들어가려 했던 이스라엘 자손은 아말렉 사람들의 공격을 받아 첫 입성에는 실패하게 됩니다. 이후 40여 년 광야 생활을 마치고 다시 가나안으로 진입하려 했을 때에도 그들에게는 저항이 있었습니다. 처음에는 에돔민 20:14-21이, 그 다음에는 모압이 그들을 막아섰습니다삿 11:17. 그리고 아모리도 그들이 가는 길을 막아섰습니다. 특히 모압의 왕 발락은 선지자인 발람을 이용해 이스라엘 자손에게 저주를 내리도록 사주했습니다. 발락은 발람 선지자에게 이렇게 말했습니다. "와서 나를 위하여 이 백성을 저주하라 내가 혹 그들을 쳐서 이겨 이 땅에서 몰아내리라"민 22:6. 이후 발람은 하나님의 거듭된 반대를 무릅쓰고 이스라엘 자손을 저주하러 갔습니다. 그러나 가는 길에서 그는 하나님의 강력한 반대를 마주합니다. 그는 결국 발락 앞에서 그 이방의 왕이 원하는 대로가 아닌, 하나님의 뜻대로 이스라엘 자손에게 축복을 내립니다민 23:10. 땅을 나그네로 살아가는 이스라엘 자손을 하나님께서 보호하고 계심을 깨달은 것입니다.

　이방의 땅은 하나님의 백성이 그 땅을 지나가거나 그 땅을 거류하
거나, 혹은 그 땅에서 정착해 살아가는 모든 것을 미워합니다. 하나님
의 백성이 그 땅에서 이루는 모든 거룩하고 온전한 삶의 행태들이 그
들에게 위협이기 때문입니다. 그래서 이방의 땅은 한편으로 하나님

의 백성을 미워하기도 하고 한편으로는 그들을 두려워하기도 합니다. 이방의 극단적 태도는 에스더 시절 이스라엘 백성이 아하수에로 시절 바사페르시아 땅에서 아각the Agagite 사람 하만에게 겪는 일에서도 잘 나타납니다. 아각 사람들은 아말렉 사람들 가운데 왕족들의 후손으로 알려져 있습니다. 그 후손의 일원인 하만은 바벨론에 포로로 잡혀와 페르시아 시절에 이르기까지 그 땅에서 살던 하나님의 백성을 미워하는 동시에 두려워하여 그들을 모두 죽이려는 계획을 세웠습니다. 오늘을 살아가는 하나님의 백성 역시 거류하며 살아가는 이방의 땅이 우리를 미워한다는 사실을 잘 인식해야 합니다. 찬송의 표현처럼 '죄 많은 이 세상은 내 집이 아닙니다.' 우리는 이방 땅을 살아가며 그 땅의 평강을 위해 수고하지만, 결국에 그 땅과 친해질 수 없습니다. 이방의 땅이 품은 미움과 증오는 하나님의 백성이 사명으로 살아가는 지극한 현실입니다.

미움으로 가득한 이방 땅에서 드리는 기도
이방의 땅 한복판을 거류하며 지나는 당신의 백성의 안위를 기억하소서.

이방 신들을 섬기는 땅

신명기 31장 16~22절

　　이스라엘 자손이 거류하는 가나안에는 그 땅을 지배하는 신들이 있었습니다. 이 신들은 대체로 근동의 여러 신들과 비슷한 이름과 특징을 가지고 있습니다. 가나안의 신들 가운데 으뜸은 바알Baal이었습니다. 바알은 그와 대적하던 다른 신들과의 싸움에서 이겨 세상을 평정합니다. 그리고 신들의 세계에서 가장 높은 자리를 차지합니다. 이스라엘 백성은 이 바알의 황소상을 만들어 산당에 두고 섬기곤 했습니다민 25:3, 왕상 12:28. 북이스라엘의 아합은 바알의 황소상을 사마리아에 두고 받들기도 했습니다왕상 16:30-33. 가나안에는 바알 외에도 아세라Asherat도 있었습니다. 사람들은 아세라를 바알의 아내이자 다산多産을 관장한다고 여기며 숭배했습니다. 아세라는 일반적으로 목상木像이 많았는데, 므낫세 왕 때는 성전 입구에도 세워졌습니다왕하 17:10, 대하 33:1-9. 이외에도 이스라엘 백성의 산당에는 모압과 암몬 사람들이 숭배하던 그모스Chemosh나 몰록Molek, 혹은 밀곰 신 등도 있었습니다. 그모스와 밀곰은 특히 예루살렘 힌놈의 골짜기the valley of Hinnom에서 숭배되었는데 이스라엘 백성은 자기 아기들을 불제단에 제물로 바치는 등 패악을 저지르기도 했습니다왕하 21:6, 겔 20:31.

　하나님의 백성이 거류하며 살아가는 땅은 가인과 니므롯으로 비롯
되어 여러 이방의 민족들이 불의한 마음으로 준동하는 땅입니다. 그
땅 사람들은 하나님이 아닌 다른 신들을 섬기고 그것들에게서 얻은
힘으로 자신을 높이며 하나님께서 창조하신 세상을 척박하고 패역한

이방의 땅으로 만들어갑니다. 이방인들은 자기 신들을 앞세워 세상을 풍요롭게 한다고 하지만, 그들은 오히려 하나님께서 창조하신 세상을 온갖 탐욕으로 망가뜨리고, 정복과 착취 가운데 그 땅의 피조물들을 신음하게 만들었습니다. 문제는 이방의 땅을 거류하는 하나님의 백성들이 하나님을 버리고 그 땅 신들을 섬기는 가운데 그 땅 무자비한 지배자들의 편에 서는 것입니다신 31:16. 안타깝게도 불의한 우상 숭배는 오늘날 우리 하나님의 백성 사이에서 계속 이어지고 있습니다. 오늘도 이 세상은 하나님께 부름 받았다 자청하면서 자기 탐욕과 불의한 폭력으로 자기를 채우는 거짓된 사람들이 많이 있습니다. 하나님의 백성은 이방의 땅을 하나님의 거룩하신 뜻으로 회복하기 위해 보냄 받은 사람들입니다. 하나님의 백성은 그 땅과 사람들 그리고 피조물에게 고통만 더하게 하는 거짓 신들의 거짓 신앙에 빠져들지 말아야 합니다.

이방신 숭배가 가득한 땅 가운데서 드리는 기도
이방 땅이라도 오직 한 분 하나님만을 섬기며 의의 길을 걷게 하소서.

포학과 잔인함이 지배하는 땅

아모스 1장 1절~2장 3절

　　선지자 아모스가 하나님의 말씀을 전하던 시절, 요단강 동편 북이스라엘이 다스리던 길르앗Gilead 땅은 주변 나라 특히 아람 다메섹의 침략을 받고 짓밟혀 큰 고통을 받았습니다. 엘리사의 예언으로 아람의 왕이 된 하사엘이 여호아하스 왕이 북이스라엘을 다스리던 시절 길르앗으로 쳐들어와 그곳 사람들을 괴롭게 한 것입니다왕하 13:4. 열왕기서는 그때 "아람 왕이 여호아하스의 백성을 멸절하여 타작마당의 티끌 같이 되게" 했다고 기록합니다왕하 13:7. 아모스도 이때 길르앗 땅의 사람들이 아람의 "철 타작" 같은 잔인한 압제로 크게 고통받았다고 전합니다암 1:3. 아람-다메섹은 길르앗 사람들을 붙잡아 죽이고 그 남은 사람들을 아주 불의한 목적과 방법으로 주변 나라에 팔았습니다. 이때 주변 나라들은 전쟁 포로를 노예로 파는 일이 큰 돈이 된다는 것을 알고 그 일에 적극적으로 가담했습니다. 요단강 서편 북이스라엘 본국과 남쪽 유다 역시 이들의 불의한 처사를 수수방관했습니다. 결국 아모스는 이 불의한 인신 노예 무역에 가담한 아람과 블레셋과 에돔과 베니게와 모압, 그리고 북이스라엘과 유다 등을 통렬하게 비판하고 하나님의 심판이 그들에게 임할 것이라고 외쳤습니다.

　가인과 라멕의 무도함을 이어받은 이방 나라의 통치자들은 선배들의 방식으로 그 땅을 통치하여 그곳 사람들을 고통에 빠뜨립니다. 그들은 때로 주변의 통치자들과 연대하여 조직적으로 사람들을 괴롭힙니다. 평소 대화도 하지 않던 이들이 이런 상황에는 한마음이 되어

그 가엾은 이들 괴롭히기를 즐깁니다. 아모스는 슬픔만 가득한 이방의 땅에서 하나님의 경건하고 신실한 사람들, 선지자들과 나실인이 일어났다고 말합니다[암 2:11]. 하나님께서 기름 부으신 사람들은 그 땅을 이방의 땅이 아니라 하나님의 나라로 새롭게 하려 최선을 다합니다. 이방의 통치자들과 주변 나라들은 언제고 그곳을 그들의 무도하고 잔인한 땅으로 되돌립니다. 무도한 이방의 세력이 지나간 곳은 다시 고통의 신음이 가득합니다. 그럴 때마다 하나님의 사람들은 다시 일어섰고 그 땅의 회복을 위한 수고도 재개되었습니다. 이방 나라 통치자들과 하나님의 사람들 사이 대립은 오늘도 계속 이어집니다. 오늘도 하나님의 사람들은 패역한 이방 땅의 현실 위에 믿음으로 굳건하게 서서 그 땅을 위해 수고합니다. 하나님의 사람들은 패역으로 갈라지고 불의로 파괴된 땅을 다시 가꾸어 꽃이 피는 '하나님의 동산'으로 되돌리는 사람들입니다.

포학함이 가득한 이방의 땅에서 드리는 기도

이 땅의 고통받는 이들을 돌아보시고 그들을 위해 부르신 우리의 사명을 굳건하게 하소서.

정복과 파괴로 신음하는 땅

예레미야 39장 1~10절

　　이방의 땅은 침략과 정복의 욕망을 불태우는 지배자들에 의해 확장됩니다. 그들의 확장은 대부분 탐욕스러운 침략과 정복으로 이루어집니다. 그들의 침략과 정복에는 무자비한 파괴와 무도한 압제가 동반하기 마련입니다. 당연히 그 땅의 피조물과 사람들, 그리고 하나님의 사람들은 무고하게 죽임당하고 사로잡히고, 노예 되어 고통받게 마련입니다. 예레미야의 시절에 남유다에도 그런 일이 일어났습니다. 바벨론의 느부갓네살 왕이 유다와 예루살렘을 침략해 3년 동안 성을 에워싸고 결국에 하나님의 백성이 신실하게 일군 모든 것, 심지어 성전까지도 무너뜨렸습니다왕하 25:1-4. 느부갓네살 왕과 그의 군사들은 성난 메뚜기떼처럼 유다 땅과 예루살렘을 짓밟고 황폐하게 하는 가운데 사람들을 죽이고 포로로 잡아가 고통으로 신음하게 했습니다. 예루살렘 사람들은 두려움 가운데 그리고 무자비한 폭력 가운데 고통받다가 죽임을 당한 뒤 생존자들은 밧줄로 묶인 채 바벨론에 끌려갔습니다왕하 25:4-7. 그 땅에 남은 보잘것없는 사람들도 힘든 것은 마찬가지였습니다. 그들은 지도자를 잃고 생존의 대안을 잃은 채 방치되었고 에돔이나 암몬 같은 주변 나라들에 또다시 짓밟히는 고통

을 당했습니다.

선지자 요엘은 이방 나라들의 침략과 파괴와 약탈을 "팥중이가 남긴 것을 메뚜기가 먹고 메뚜기가 남긴 것을 느치가 먹고 느치가 남긴 것을 황충이 먹었도다"라고 묘사했습니다.욜 1:4. 선지자 나훔은 앗수르의 정복과 파괴를 "수사자가 그 새끼를 위하여 먹이를 충분히 찢고 그의 암사자들을 위하여 움켜 사냥한 것으로 그 굴을 채웠고 찢은 것으로 그 구멍을 채웠다"라고 그립니다나 2:12. 선지자 하박국은 바벨론 군대가 쳐들어오는 공포 상황을 "...무리가 우리를 치러 올라오는 환난 날을 내가 기다리므로 썩이는 것이 내 뼈에 들어왔으며 내 몸은 내 처소에서 떨리는도다"라고 전합니다합 3:16. 이방 땅 지배자들과 군대는 세상 곳곳을 짓밟고 황폐하게 합니다. 이방의 땅이 되어버린 세상은 창조 질서의 아름다움이 파괴되어 있습니다. 그 땅은 오직 절망과 비탄만이 가득합니다. 오늘도 우리는 곳곳에서 무너져 황무하게 되어버린 땅들을 바라봅니다. 그리고 그 땅과 사람들의 회복을 위해 기도합니다. 하나님께서 언젠가 그 땅을 가인에게서, 라멕에게서, 바로에게서, 산헤립과 느부갓네살에게서 회복하셔서 하나님 보시기에 좋은 동산의 모습으로 회복하시리라 믿습니다.

황무한 이방의 땅 가운데서 드리는 기도

주의 은혜로 이 땅에 샘이 넘쳐흐르게 하시고 꽃이 피어나게 하소서.

눈물 흘리며 탄원하는 땅

시편 120편 1~7절

　　이방의 땅은 오직 고통만을 생산합니다. 이방의 땅은 자기 안에 있는 모든 생명과 모든 수고를 태워 재로 만들어 사그라들게 만듭니다. 이방의 땅은 그 시작이었던 놋 땅 에녹성으로부터, 그리고 시날 땅의 바벨탑에서 이미 찌르는 고통과 사그라드는 허무함이 가득한 곳이었습니다. 가인은 오직 자기만을 위해 이방의 땅을 구축했습니다. 가인의 자손 라멕은 그 땅을 기반으로 이웃과 타인을 향해 폭력의 고통과 죽음의 절망을 생산하는 길을 열었습니다. 니므롯은 타인과 피조물을 향해 폭력적인 창과 활을 앞세워 그것으로 자기를 높이는 탑, 허무한 탑 바벨을 쌓았습니다. 가인과 라멕, 니므롯이 만든 이방 땅의 무도한 삶의 방식은 애굽과 앗수르, 바벨론과 페르시아, 그리고 헬라와 로마의 제국들이 그대로 이어받았습니다. 그들만이 아닙니다. 이방 제국의 변방에서 그들에게서 온갖 혜택을 누리며 비루하게 연명하는 주변 이방 나라들 역시 가인과 라멕, 그리고 니므롯의 방식을 이어갑니다. 이 모든 나라와 사람들은 그들이 침략하고 정복하여 차지한 땅에 무도하고 잔인하여 악한 씨앗을 뿌립니다. 그리고 그 땅을 고통의 나무와 허무의 결실로 가득 채웁니다.

하나님의 백성은 그 땅이 주는 고통과 허무함이 더욱 번성하는 것을 봅니다. 하나님의 백성은 이방의 황무한 땅에 거류하며 그 땅의 생명과 평안이 넘치기를 바라는 시를 짓습니다. 하나님의 백성은 이 지극히 아픈 현실을 보며 "메섹에 머물며 게달의 장막 중에 머무는

것이 내게 화로다 내가 화평을 미워하는 자들과 함께 오래 거주하였도다"라고 노래합니다시 120:5-6. 그리고 그들은 "나는 화평을 원할지라도 내가 말할 때에 그들은 싸우려 하는도다"라며 한탄의 시를 읊습니다시 120:7. 그들은 결국 이방의 땅을 향해 저항의 시를 외칩니다. "너 속이는 혀여 무엇을 네게 주며 무엇을 네게 더할꼬 장사의 날카로운 화살과 로뎀 나무 숯불이리로다"시 120:3-4. 하나님 백성의 눈물과 탄원은 바로 여기 이방의 땅에서 탄식의 시가 됩니다. 그들이 지어 부르는 노래는 이방의 땅 고통과 절망의 현실을 살아가는 모든 사람과 피조물을 바라보며 느끼는 슬픔이고 외치는 탄원입니다. "여호와여 거짓된 입술과 속이는 혀에서 내 생명을 건져 주소서"시 120:2. 하나님의 백성이 이방 땅의 현실에 서서 외치는 소리는 이제 하늘에 닿습니다. 하나님께서는 그때 이방의 현실에서 드리는 시인의 기도를 들으십니다. 오늘 이 땅을 거류하는 우리의 눈물의 탄원도 들으실 것입니다.

이방 땅의 현실에서 드리는 기도

이 땅의 황무함을 보시고 하늘의 회복과 구원을 바라는 우리의 기도를 들으소서.

구원과 회복을 기다리는 땅

에스겔 34장 9~16절

바벨론에 의해 포로로 잡혀간 이스라엘 백성은 주로 바벨론 성 옆 그발 강가에서 살면서 그 땅의 주인들을 위해 수고하고 봉사했습니다. 이방의 땅을 살아가는 하나님의 백성은 마치 아브라함처럼, 이삭처럼 그 땅의 삶을 살았습니다. 그곳에서 주인의 권리를 가질 수는 없었지만, 그들은 그 땅과 사람들을 위해 열심히 일했습니다. 그 땅과 사람들을 위해 일하고 그들의 필요를 채워주었습니다. 하나님의 백성 이스라엘은 그들이 살아가는 이방 땅 성읍의 평안을 위해 수고하고 헌신했습니다. 무엇보다 그들은 그 땅과 사람들의 평안을 위해 기도했습니다렘 29:7. 그 땅의 주인들이 사슬에 묶인 그들에게 노래를 부르게 하기도 했습니다. 그것도 예루살렘 하나님의 성전에서 부르던 노래를 부르게 했습니다시 137:3. 포로된 하나님의 백성 이스라엘은 그들의 요구를 거절할 수 없기도 했지만, 그 땅의 평안을 위해 기꺼이 하늘의 노래를 불렀습니다. 사실, 하나님 백성의 그 모든 수고와 헌신은 그 이방의 땅의 무도한 가치가 번성하기를 위한 것이 아니었습니다. 하나님 백성의 수고와 헌신 그리고 기도는 그 땅을 잠시 살아가는 하늘 나그네의 신실함일 뿐입니다.

그 잃어버린 자를 내가 찾으며 쫓기는 자를 내가 돌아오게 하며

상한 자를 내가 싸매 주며 병든 자를 내가 강하게 하려니와

살진 자와 강한 자는 내가 없애고 정의대로 그것들을 먹이리라

에스겔 34장 16절

하나님의 백성은 이방의 땅 곳곳에서 그 땅의 주인이 아닌 그저 나그네로 살아갑니다. 그들은 언젠가 하나님의 부르심이 있을 때 그들이 나그네로 거류하여 살던 이방의 땅을 떠나 하나님의 나라로 돌아갈 것입니다. 하나님의 백성은 하나님의 부르심, 그 구원과 회복을 기

다리는 사람들입니다. 하나님께서는 어느 순간 당신의 때가 되었다고 여겨질 때 당신의 구원자를 보내셔서 이방 땅을 힘들게 살아가는 당신의 백성을 끌어내시고 구원하실 것입니다. 하나님께서는 이미 그 일을 이루셨습니다. 이스라엘 자손이 애굽 땅에서 눈물로 고생하며 그 땅의 평안을 위해 수고하고 있을 때, 하나님께서는 당신의 종 모세를 보내셔서 그 백성을 그 땅에서 끌어내시고 구원하셨습니다. 이제 하나님께서는 바벨론에 포로로 잡혀가 그 땅을 거류하는 당신의 백성에 대해서도 회복을 약속하십니다. 선지자 에스겔이 그 약속을 분명히 합니다. "그 잃어버린 자를 내가 찾으며 쫓기는 자를 내가 돌아오게 하며 상한 자를 내가 싸매 주며 병든 자를 내가 강하게 하리라"겔 34:16. 오늘 끝나지 않은 이방 땅 나그네의 삶이 고단하다면 당신의 종 예수 그리스도를 통해 이루실 회복과 구원을 소망하십시오. 하나님께서 이루십니다.

이방 땅 고된 삶에서 드리는 기도
오늘 우리의 눈물어린 수고와 헌신을 돌아보시고 우리를 구원할 종을 보내주소서.

땅 끝으로 부름받다

이사야 49장 6~10절

하나님의 백성은 더럽고 가증하여 악이 가득한 땅에서 그 땅의 나그네로 살아갑니다. 하나님께서는 당신의 백성을 가나안에 보내실 때 이렇게 말씀하셨습니다. "너희가 전에 있던 그 땅 주민이 이 모든 가증한 일을 행하였고 그 땅도 더러워졌느니라"레 18:27. 하나님께서 당신의 백성을 그 더럽고 악한 땅의 나그네로 부르신 것은 그 땅을 회복하고 그 땅 모든 피조물과 사람들을 하나님의 구원으로 인도하기 위함입니다. 하나님께서는 당신의 백성이 그 이방 땅을 거류하는 동안 그 땅과 사람들을 회복하기를 바라십니다. 하나님께서는 이방의 땅으로 보냄 받는 당신의 사람들이 마음으로 두려움을 품고 있음을 잘 아십니다. 그래서 하나님께서는 그들을 담대하게 하십니다. 여호수아가 그랬습니다. 하나님께서는 약속의 땅 그러나 거대한 이방인들이 있는 그 땅에 들어서는 일을 두려워했습니다. 그때 하나님께서 이렇게 말씀하셨습니다. "그 산지도 네 것이 되리니 비록 삼림이라도 네가 개척하라 그 끝까지 네 것이 되리라 가나안 족속이 비록 철 병거를 가졌고 강할지라도 네가 능히 그를 쫓아내리라"수 17:18.

하나님의 백성은 선교적 비전으로 이방 땅을 나아갑니다. 이사야

는 포로된 이스라엘 백성에게 이렇게 선포했습니다. "내가 또 너를 이방의 빛으로 삼아 나의 구원을 베풀어서 땅 끝까지 이르게 하리라" 사 49:6. 중요한 것은 하늘의 파송이 이후에도 꾸준히 이어지고 있다는 것입니다. 신약의 새로운 시대에 우리 주 예수님께서는 당신의 제자

들과 사도들을 새로운 이방의 땅으로 파송하셨습니다. 예수님께서는 이렇게 말씀하셨습니다. "너희가 권능을 받고 예루살렘과 온 유대와 사마리아와 땅 끝까지 이르러 내 증인이 되리라"^{행 1:8}. 예수님의 열두 명의 제자들은 이후 익숙한 예루살렘과 유대를 떠나 낯선 사마리아와 이방 땅 끝까지 나아갔습니다. 제자들 뿐이 아닙니다. 새롭게 예수님의 부름을 받은 사도 바울은 오직 이방인을 위한 사역자로 세움 받은 사람이었습니다. 예수님께서는 바울을 세우시면서 "내가 너를 이방의 빛으로 삼아 너로 땅 끝까지 구원하게 하리라"고 말씀하셨습니다^{행 13:47}. 이방 땅으로의 부르심은 오늘 우리에게 계속 이어집니다. 우리는 하나님의 은혜, 예수 그리스도의 십자가 복음으로 회복할 사명을 가지고 낯선 이방 땅에 파송을 받았습니다. 낯선 땅을 향한 부르심에 결단하고 보내심에 순종하는 것, 이것이야말로 우리 하나님 백성의 본분입니다.

낯선 이방 땅을 향한 기도

이방 땅으로 부름받았으니 순종하여 결단하고 나아갑니다. 우리를 도우소서.

Forty day Meditations for Spiritual Pilgrims

낯선 사람들과의 만남

Forty day Meditations for Spiritual Pilgrims

낯선 사람들과의 만남

힘을 찬양하는 사람들

창세기 4장 16~24절

가인은 놋 땅에 정착하고서 그곳에 에녹성을 지은 뒤 거기서 자손을 낳고 살았습니다. 그의 계보는 이후 에녹과 이랏과 무흐야엘 그리고 무드사엘을 지나 라멕Lamech으로 이어집니다. 창세기의 이야기에서 라멕은 가인만큼이나 특별한 사람입니다. 그는 창세기의 일부일처 결혼 계명을 어기고 아내를 둘 두었습니다. 그리고 두 아내에게서 아들 셋과 딸 하나를 낳았습니다. 이 자녀들은 모두 인간의 문명과 문화적 발전의 기원을 이룹니다. 아들 야발Yabal은 가축을 치기 시작했고 유발Yubal은 악기로 음악을 즐기기 시작했으며 두발가인Tubalcain은 금속으로 기구를 제작하기 시작했습니다. 마지막으로 라멕의 딸이자 두발가인의 누이 나아마Naamah는 아름다움을 추구하기 시작했습니다. 그런데 흥미롭게도 라멕은 자기 자녀들이 창조한 인간 문화와 문명의 힘을 예찬하며 폭력을 정당화하는 삶의 방식과 가치관으로 끌어들입니다. 그는 두발가인이 만든 금속 도구로 의도적인 살인을 저지르고 돌아와 야발이 만든 술을 마시고 유발의 반주와 나아마의 춤에 맞추어 매우 폭력적인 노래를 부릅니다. "나의 상처로 말미암아 내가 사람을 죽였고 나의 상함으로 말미암아 소년을 죽였도다

가인을 위하여는 벌이 칠 배일진대 라멕을 위하여는 벌이 칠십칠 배이리로다"창 4:23-24.

　하나님께서 창조하신 세상은 라멕에게 흘러가면서 더욱 타락했습니다. 가인은 하나님이 아닌 자기중심의 세상을 열었고 라멕은 그런 세상을 힘으로 정당화하며 자신이 휘두르는 무자비한 폭력 아래 인간의 삶과 문화를 무릎 꿇립니다. 힘이 지배하고 폭력이 정당한 세상을 만든 것입니다. 가인으로부터 라멕으로 이어지는 계보의 번성은 결국 하나님의 창조 세계 곳곳을 낯선 이방의 땅으로 만들었습니다. 그들은 힘을 찬양하는 세상을 열었습니다. 그들은 무자비한 폭력이 난무하는 세상, 무고하게 피 흘리는 자의 고통을 깔고 앉아 흥청거리는 세상을 구축했습니다. 그런데 창세기 하나님의 백성 이야기는 셋Seth과 그 후손을 통해 끊기지 않고 계속 이어집니다창 4:25-26. 그들은 힘을 예찬하는 이방 땅의 현실에서 하늘을 바라보며 하나님만을 찬양하는 사람들입니다. 하나님을 찬양하는 것이야말로 진실로 생육하고 번성하는 길이라는 것을 잘 아는 사람들, 그들이 바로 하나님의 백성입니다.

힘과 권세가 찬양을 얻는 세상에서 드리는 기도
우리는 오직 하나님 당신만을 찬양합니다. 우리가 세상의 힘에 굴종하지 않게 하소서.

자기를 높이는 사람들

다니엘 11장 36~39절

　시날 땅의 바벨탑이 무너졌다고 이방의 땅을 지배하는 사람들 마음에서 자기를 높이려는 욕망이 사라진 것은 아니었습니다. 그들은 역사 내내 그들의 견고한 나라 그러나 포학한 나라를 거듭 세우면서 여전히 자기를 높이는 일에 열중했습니다. 애굽은 목이 곧은 사람들이 그들만의 세상을 이룬 곳이었습니다. 그들은 완악했고 하나님의 말씀을 듣지 않았습니다 출 7:22, 14:8. 앗수르 역시 자만하기는 마찬가지였습니다. 앗수르는 강하고 번성한 나라였습니다 나 1:12. 그러나 그들은 매우 악독하여 그 불의와 더러움을 하나님께서 더이상 지켜볼 수 없을 지경이었습니다 욘 1:2. 바벨론의 교만은 그 가운데 으뜸이었습니다. 바벨론은 여러 나라 사람들을 자기 도성으로 데려온 뒤 거기 바벨론 왕의 신상에 절하게 하고 그 일로 세상 사람들을 몹시 괴롭혔습니다 단 3:1-6. 교만하기는 바사도 마찬가지였고, 알렉산더와 헬라의 나라들도 마찬가지였습니다. 다니엘은 헬라의 왕이 "자기 마음대로 행하며 스스로 높여 모든 신보다 크다 하며 비상한 말로 신들의 신을 대적"할 것이라고 예언했습니다 단 11:36. 이방의 땅 사람들은 하나님 앞에서 그리고 하나님께서 지으신 세상에서 교만하기를 그치지 않았습니다.

　이방 땅 사람들은 이기적인 자기중심의 마음과 자신을 스스로 높이는 습관을 기본적인 속성으로 품고 있습니다. 그들은 어느 때나 기회가 주어지는 대로 자신을 높이고 타인을 낮추어 그들을 자기 발아래 복속시키는 일을 즐깁니다. 그래서 하나님께서는 그런 이방의 땅

사람들의 교만한 마음을 낮추고 그들이 자만하여 높이 쌓아둔 것들을 무너뜨리십니다. 하나님의 방식은 주로 그들보다 더 강하고 그들보다 더 잔인한 이방인들을 세우고 그들로 하여금 이전 교만한 자들을 무너뜨리는 것입니다사 19:4. 애굽도 그렇게 앗수르에게 무너졌고 바벨론도 바사에게 무너졌습니다. 하나님께서는 언젠가 교만한 이방 나라들을 무너뜨리시고 나그네 된 당신의 백성들을 위해 겸손의 나라를 세우실 것입니다. 그래서 하늘 나그네 된 하나님의 백성은 하나님께서 교만한 자를 낮추시고 겸손히 주의 뜻을 행하는 사람들을 높이실 그 날을 기다립니다시 31:23. 교만한 자들이 허무한 자웅을 다투는 이방의 땅에서 살아가는 하나님의 백성에게는 이 소망만이 유일한 삶의 힘입니다. 하나님께서는 오늘도 교만한 이방 세상에서 하나님의 뜻을 따라 겸손으로 행하는 하나님의 사람들을 위해 소망의 끈을 더욱 든든하게 하십니다.

교만이 가득한 이방의 사람들 사이에서 드리는 기도
자기를 높이려는 사람들 사이에서 겸손히 행하신 예수님을 바라보고 따르게 하소서.

고통을 더하는 사람들

출애굽기 1장 8~14절

이방 땅에는 고통이 가득합니다. 그 땅을 다스리는 사람들이 고통만을 주기 때문입니다. 애굽 땅에 와서 나그네로 살아가던 이스라엘 자손이 그랬습니다. 그들은 그 땅에서 고통받았습니다. 그 땅을 다스리는 바로는 요셉과 요셉이 과거 애굽 땅에 베푼 선한 일들을 기억하지 못했습니다. 그들은 자기 땅에 들어와 사는 이스라엘 자손이 하나님의 은혜 가운데 번성하는 것을 두고 보지 못했습니다. 바로와 애굽의 통치자들은 이 나그네들을 괴롭히고 못살게 굴 궁리만 하기 시작했습니다. 그들은 하나님의 백성 야곱의 자손들을 힘겨운 노역으로 몰아세웠습니다. 자기들의 도시와 성곽을 짓게 하고 자기들의 신전과 큰 왕의 무덤들을 만들게 했습니다. 바로와 통치자들은 이 불쌍한 나그네들이 노역 가운데 넘어지고 매 맞아 쓰러져 고통 가운데 신음하는 소리를 그들 잔치 자리의 멋진 음악 소리처럼 여겼습니다. 그리고 더욱 괴롭히리라 말하며 더욱 완고하고 잔인한 마음을 먹었습니다. 이번에는 어린아이들, 특히 사내아이들을 죽였습니다. 점점 잔인하고 포학하게 되는 이방 땅의 압제자들 아래 나그네 된 하나님의 백성들과 그곳 사람들 그리고 피조물에게는 근심과 한숨만 점점 늘

어려운 노동으로 그들의 생활을 괴롭게 하니

곧 흙 이기기와 벽돌 굽기와 농사의 여러 가지 일이라

그 시키는 일이 모두 엄하였더라

출애굽기 1장 14절

어갑니다.

　하나님의 백성은 나그네 된 이방의 땅에서 그 땅의 주인들 때문에 애통합니다. 그들은 그 땅의 평안을 위해 그 땅의 주인들이 원하는 수고를 다 합니다. 그런데 하나님의 백성의 수고가 더하면 더할수록 그 땅의 통치자들은 그 수고를 알아주거나 감사하지 않습니다. 그들은 더 많은 수고를 요구합니다. 급기야는 겸손히 순종하는 하나님의 백성을 학대하고 괴롭히며 더욱 포학하게 굽니다. 그러나 하나님의 백성은 그 땅과 그 땅의 주인들을 향해 보복과 저항의 칼을 빼 들지 않습니다. 그들은 오직 하늘 하나님을 향해서만 자기들의 고통과 애통을 탄원합니다. 하나님의 백성은 이 땅의 또 다른 포학한 사람이 아니라 하늘 하나님께서 자기들을 구원하여 자유를 주시기를 바랍니다. 예수님께서는 가난하고 애통한 가운데 긍휼한 당신의 사람들이 하늘을 향해 탄원하는 모습이 복이 있다고 말씀하셨습니다마 5:6. 하나님의 백성은 이방의 땅을 온갖 수고와 고통 가운데 살아갑니다. 그러나 하나님의 백성은 그 모든 수고의 대가로 주어지는 부당함과 불의를 세상에 따지지 않습니다. 그들은 하늘 하나님께 탄원하며 오직 하나님의 구원을 바랍니다. 이것이 나그네 된 하나님의 백성이 신앙으로 그 길을 걷는 방식입니다.

고통만 가득한 이방의 땅의 현실에서 드리는 기도
오늘 고통만 가득하다 해도 이 땅의 평안을 위해 겸손한 수고를 아끼지 않게 하소서.

나그네를 괴롭히는 사람들

창세기 19장 1~9절

　　이방 땅의 현실은 각박하고 무도합니다. 이방 땅 사람들은 자기들의 땅으로 와서 나그네로 거류하는 사람들을 함부로 하여 박대하며 괴롭히는 일이 많았습니다. 아브라함과 그의 아들 이삭은 그들이 거류하는 가나안 땅에서 수시로 괴롭힘을 당하고 어려움을 당했습니다. 특히 소돔과 고모라 사람들은 그들에게 찾아온 나그네를 함부로 하고 무도하게 굴었습니다. 그들은 그들 가운데 거주하는 롯이 손님으로 받아들인 세 명의 나그네를 찾아 끌어내고 그들을 괴롭히려 했습니다. 그들에게 잘못된 누명을 씌워 죽이려고도 했습니다. 소돔과 고모라 사람들은 세 명의 나그네를 받아들이고 환대했던 롯마저 위협하고 그의 집과 그의 가족들을 위협하고 협박하기도 했습니다. 손님으로 찾아온 나그네를 함부로 여기고 그들을 포학하게 대한 이방 땅 사람들의 대표는 누구보다 애굽 사람들이었습니다. 그들은 자기들 땅에서 나그네로 살아가는 이스라엘 자손에게 잔인하게 굴었습니다. 안타깝게도 이런 일은 하나님의 백성 사이에서도 일어났습니다. 사사시대 레위 사람이 자기 부인과 집으로 돌아갈 때 베냐민 지파 사람들이 그랬습니다. 그들은 레위 사람의 아내를 끌어내 욕보이고 결

국 죽도록 방치했습니다 삿 19:22-26.

  하나님의 백성이 살아가는 삶의 자리, 이방의 땅의 현실은 나그네를 대접하고 환대하는 곳이 아닙니다. 그들은 나그네들을 의심하고 괴롭히고 학대하기까지 합니다 시 94:6. 나그네에 대한 박대는 하나님 백성이 살아가는 자리에도 바이러스처럼 스며듭니다겔 22:29. 그리고 그 모든 박대와 학대의 끝자락에는 예수님도 계셨습니다. 예수님께서는 스스로 지극한 나그네의 현실을 살아가시면서 머리 둘 곳이 없다고까지 말씀하셨습니다눅 9:58. 그러나 하나님께서는 나그네를 잘 대접하는 일을 무엇보다 중요하게 여기셨습니다. 그리고 하나님께서는 늘 나그네를 잘 대접하라고 가르치셨습니다출 23:9, 딤전 5:10. 그래서 하나님의 사람들에게 나그네에 대한 선대는 무엇보다 중요한 삶의 과제였습니다. 하나님께서 말씀하신 것도 있지만 그들이 나그네이니 그들에게 오는 나그네를 잘 대접하는 것은 당연한 일이었습니다. 지금 자신의 현실도 위태로운 이방의 땅에서의 삶이지만 자신과 같은 나그네를 대접하고 그들과 더불어 섬김의 교류를 나누는 일은 하나님의 백성에게 무엇보다 중요한 영적 삶의 핵심입니다. 하나님의 백성은 나그네를 의심하고 박대하는 땅에서 그 땅을 나그네로 살아가는 이들을 예수님 맞이하듯 진심으로 환대합니다계 3:20.

나그네를 박대하는 이방 사람들 사이에서 드리는 기도
내게 찾아오는 나그네들을 기쁜 소식을 가져오는 귀한 손님으로 맞이하게 하소서.

낮고 가난한 자들의 고통

미가 2장 8~10절

이방의 땅에는 그 땅의 낮고 가난한 사람들이 외치는 고통의 신음들이 분명하게 들립니다. 그 땅의 주인들은 가난한 자들에게서 물건을 빼앗아 자기 집을 채웠습니다사 3:14. 그 땅을 다스리는 사람들은 가난한 자들에게 불공정한 판결을 내리고 가난한 고아와 과부의 집에서 물건을 빼앗아 자기 곳간을 채웠습니다사 10:2. 그 땅은 의롭게 사는 사람을 모략으로 붙잡아 팔아넘기고 가난한 사람들을 신발 한 짝 헐값에 팔아넘기는 무도함을 서슴지 않습니다암 2:6. 그들은 가난한 자들을 삼키는 일을 즐거워합니다합 3:14. 그리고 낮고 가난한 사람들의 희생을 침상과 밥상으로 삼아 그들의 향락을 즐깁니다암 3:12. 그들은 아무런 거리낌 없이 사람을 동원해 가난한 이들의 양식을 빼앗고 그것으로 술을 빚어 즐깁니다암 4:1. 문제는 이런 무자비함과 무도함이 이방의 땅을 넘실거리다가 기어코 하나님 백성의 땅으로 스며들어와 그 땅 사람들의 행위를 이방의 불의와 다를 것이 없게 만든다는 것입니다왕하 21:2, 대하 28:3. 이스라엘은 가나안에 정착한 뒤 얼마 지나지 않아 이방의 불의에 빠져들었습니다. 이스라엘의 지도자들은 하나님의 거룩한 땅에서 율법을 버리고 이방의 신들을 섬기며 낮고 가난한 하나

님의 백성들에게 온갖 불의를 저질렀습니다.

　이기적이고 폭력적인 이방 땅에서 낮고 가난한 이들은 쉽게 고통에 빠져듭니다. 그 땅을 다스리는 사람들은 강한 자가 약한 자를 지배하는 것이 당연하다고 생각합니다. 그리고 자기들의 불의를 정당

화합니다. 권세를 가진 사람이 힘없는 사람들의 것을 자기 것인 양 여기는 것이 문제가 되지 않는다고 말합니다. 그러면서 그들이 지배하는 땅의 모든 피조물을 그들의 압제 아래 고통받게 합니다. 이것은 분명 하나님의 창조 질서에 어긋나는 것입니다. 그래서 하나님께서는 이방 사람들이 그 땅에서 벌이는 불의를 경계하며 하나님의 백성에게 낮고 가난한 사람들, 즉 "고아와 과부와 객"을 보호하고 그들을 대접할 것을 가르치셨습니다신 10:18, 24:21. 그러나 안타깝게도 성경의 역사서들은 하나님의 백성이 그 가르침에서 쉽게 벗어났음을 알려주고 있습니다. 이스라엘과 유다의 왕들과 방백들은 이방 나라 사람들과 다를 바 없이 행동했습니다. 하나님의 나그네 된 백성은 이방의 땅에서 살아가지만, 그들의 가치와 방식에 물들지 않는 거룩한 사람들입니다. 특히 낮고 가난한 이들을 향한 긍휼의 마음은 절대 물러서지 말아야 할 하나님 백성의 고결한 덕목입니다.

낯고 가난한 이들의 고통이 만연한 땅에서 드리는 기도
가난한 사람들의 고통의 소리를 들어주시고 그들을 그 포악의 땅에서 구원하소서.

어둠 속에 갇힌 사람들

시편 88편 6~11절

　이방의 땅은 어둡고 음침하여 어떤 빛도 들어올 수 없는 암흑 그 자체로 존재합니다. 그곳은 마치 하나님께서 창조하시기 전 어둠이 깊이 내려앉았던 그때 그 혼돈의 모습과 같습니다창 1:2. 그곳은 마치 하나님께서 애굽 땅에 내리신 아홉 번째 재앙과 같이 완벽한 어둠이 그 땅을 정복하고 있습니다출 10:21-23. 이방 땅의 어둠은 서로를 알아보지 못하고 심지어 자기조차 알아보지 못합니다. 이방 땅 사람들이 걷는 길은 어둠의 길이며 자신들도 깨닫지 못하는 길이고 악한 길입니다. 이방 땅에 드리운 흑암은 짙고 깊어서 제대로 된 분별이 불가능합니다. 그들은 "악을 선하다 하며 선을 악하다 하며 흑암으로 광명을 삼으며 광명으로 흑암을 삼으며 쓴 것으로 단 것을 삼으며 단 것으로 쓴 것을 삼는 자들"입니다사 5:20. 이방의 땅 사람들은 어떻게 해서든 그들 어두운 세상에 그들이 만든 '계몽의 빛light of enlightenment'을 비추려 하지만, 그 노력은 헛되어 잠언의 표현처럼 스스로 걸려 넘어져도 깨닫지 못합니다잠 4:19. 그들은 자기들이 섬기는 악한 신들과 마찬가지로 "알지도 못하고 깨닫지도 못하여 흑암 중에 왕래"합니다시 82:5.

이방의 땅 사람들은 짙은 어둠에 갇혀 있습니다. 그 어둠은 정체를 알 수 없는 불안과 공포로 그들을 이끕니다. 그들이 저지르는 모든 불의와 행악은 불안과 공포에 대한 두려움의 표현입니다. 하나님께서는 처음 창조의 시간에 그렇게 하셨듯 당신의 창조 세계에서 어

둠을 몰아내기를 원하십니다. 그래서 하나님께서는 당신의 백성을 짙은 어둠 가득한 이방 땅에 서도록 하셨습니다. 그리고 그 땅에 하나님의 빛을 비추도록 하셨습니다. 많은 신앙의 선진이 빛의 사자로서 사명을 품고 그 땅으로 들어갔습니다. 그리고 담대하게 하나님의 빛을 전했습니다. 모세는 애굽 땅의 빛이었으며, 요나 역시 앗수르 니느웨에서 빛의 사도였습니다. 다니엘은 이방의 왕들에게 빛의 사역자로 헌신했습니다. 하나님께서는 이사야를 통해 이렇게 말씀하십니다. "나 여호와가 의로 너를 불렀은즉 내가 네 손을 잡아 너를 보호하며 너를 세워 백성의 언약과 이방의 빛이 되게 할 것이다"사 42:6. 하나님의 백성에게는 흑암이 가득한 어두운 세상 가운데 빛의 사자로 서는 사명이 있습니다. 우리는 그 낯선 땅에 서서 하나님의 은혜의 빛으로 비추는 사람들임을 잊지 말아야 합니다.

칠흑 같은 어둠의 세상에서 드리는 기도
어두운 현실에 서는 일을 두려워하지 않게 하시고 담대하게 빛 된 사명을 감당하게 하소서.

진리를 무너뜨리는 사람들

다니엘 8장 8-12절

다니엘은 자신이 살던 이방 땅 바사페르시아가 더욱 강성해 가는 시절에 또 다른 이방 세력이 일어나는 것을 보았습니다. 그는 무도한 이방의 힘이 점점 강해지고 그 권세가 세상 곳곳에 미치게 되는 미래를 보았습니다. 그는 자신이 본 강성한 이방 세력의 모습을 이렇게 표현했습니다. "그것이 또 진리를 땅에 던지며 자의로 행하여 형통하였더라"단 8:12. 성경의 구약 시대가 끝나고 예수님의 신약의 시대가 밝아오는 시점에 다니엘은 이방의 땅에서 알렉산더를 시작으로 하는 헬라 세력이 새롭게 일어나는 것을 환상으로 보았습니다. 다니엘은 그것이 끝이 아니라는 것을 잘 알고 있습니다. 곧이어 로마라는 새로운 세력도 일어날 것이었습니다단 2:40. 한 세력이 일어나고 나면 또 다른 강성한 세력이 일어나 이전 세력을 완전히 무너뜨리는 것이 이방 땅의 당연한 역사입니다. 그런데 그들에게는 한 가지 일관된 모습이 있습니다. 그 땅 사람들은 진리를 멀리하고 진리를 밥 먹듯 쉽게 버린다는 것입니다. 그것은 창세기의 가인과 라멕, 니므롯을 넘어 애굽과 앗수르, 바벨론과 바사를 지나 알렉산더의 헬라와 예수님 시대 로마에 이르기까지 일관되어 발생하는 일들이었습니다.

이방의 사람들이 지배하는 땅은 진리가 자리를 잡지 못하고 유리합니다. 하나님의 백성은 진리가 무너진 이방 땅의 현실을 포로된 자로 살아갑니다. 이방의 사람들은 하나님의 백성에게 찾아와 "하나님이 어디 있느냐", "너희들이 말하는 진리는 어디서 숨 쉬고 있느냐"

고 위협하고 조롱하며 묻습니다. 하나님의 백성은 그들이 말하는 것이 거짓이고, 무의미한 주장이라는 것을 알면서도 묵묵히 입을 다물어버립니다. 그리고 이방 땅에서 주어진 진리의 사역을 감당합니다. 그러나 그 땅의 하나님의 백성은 속으로 이렇게 외칩니다. 하나님! "어찌하여 뭇 나라가 그들의 하나님이 이제 어디 있느냐 말하게 하리이까"시 115:2. 그들은 조용히 기도하는 가운데 이렇게 탄원합니다. "이방 나라들이 어찌하여 그들의 하나님이 어디 있느냐 말하나이까"시 79:10. 진리를 무너뜨리는 무도한 사람들의 조롱과 핍박은 오늘도 우리 하나님의 사람들의 현실을 지배합니다. 그때 그들과 무모한 입씨름을 벌이기보다 묵묵히 진리의 사역을 감당하며 시편을 읊조리며 기도해야 합니다. 하나님께서 진리를 간구하며 진리를 지키려는 우리의 마음을 헤아리시고 우리의 기도를 들어 응답하십니다.

진리를 외면하는 이방 사람들 사이에서 드리는 기도
주의 진리는 온전하고 주의 진리는 영원합니다. 주의 진리 가운데 굳건히 서게 하소서.

거짓을 강화하는 사람들

로마서 1장 18~20절

이방의 땅은 거짓이 난무합니다. 그 땅 사람들은 하나님께서 창조 질서 가운데 세우신 진리를 거꾸로 뒤집고 바꾸어 자기들과 "피조물을 조물주보다 더 경배하고 섬기는" 사람들입니다롬 1:25. 이방의 땅을 다스리는 사람들은 언제나 경고를 받아야 합니다. 이스라엘 백성이 애굽을 떠나려 할 때 바로는 자신이 이스라엘 자손을 선하게 대해왔다는 듯이 교묘한 말들로 하나님과 그 백성을 속였습니다. 그는 결국 몇 번의 재앙들을 경험하고서야 모세의 경고를 듣고 하나님의 백성이 드리는 예배를 허락합니다. 그때 모세는 이렇게 말했습니다. "이 백성을 보내어 여호와께 제사를 드리는 일에 다시 거짓을 행하지 마소서"출 8:29. 그러나 이방의 땅 지배자들은 이후에도 "화평을 말하지 아니하고 오히려 평안히 땅에 사는 자들을 거짓말로 모략하는" 일을 앞세웁니다시 35:20. 그들은 "활을 당김 같이 그들의 혀를 놀려 거짓을 말하며" 그들의 땅에서 "강성하나 진실하지 않은" 모습을 쉽게 드러냅니다렘 9:3. 그 땅의 왕들은 자기들이 다스리는 사람들이 자기 앞에서조차 거짓을 꾸민다는 것을 잘 알고 있습니다단 2:9. 이방의 땅은 거짓을 강화하는 사람들로 가득합니다.

　하나님의 백성은 거짓이 난무하는 이방 땅의 안타까운 현실에서 삽니다. 그것은 온갖 거짓을 이겨내야 하는 진리 전쟁의 진흙 구덩이 입니다. 그 땅은 불의로 진리를 막으려는 사람들의 모략이 난무합니 다. 스가랴 선지자가 말한 것처럼 허탄한 것과 거짓 꿈들이 진실인

양 포장되는 현실입니다슥 10:2. 그래서 그 땅을 사명으로 살아가는 하나님의 백성 주변에는 마치 예수님께서 가야바와 빌라도의 법정에서 당하신 것처럼 거짓 증언을 하는 사람들이 많습니다. 그들의 증언은 전혀 일치하지도 않고 타당하지도 않으나 진리인 양 통용됩니다. 그 사이에서 하나님의 백성은 그 땅의 다른 사람들과 피조물들과 함께 곤란을 겪으며 신음합니다. 그러나 하나님의 백성은 거짓이 강화되는 그 모든 현실에도 기도와 찬양을 쉬지 않습니다. 그들은 이렇게 기도합니다. "이방인의 손에서 나를 구하여 건지소서 그들의 입은 거짓을 말하며 그 오른손은 거짓의 오른손이니이다"시 144:11. 하나님의 백성은 거짓의 현실을 주목합니다. 아무리 곤고하고 고통스럽더라도 거짓이 버젓이 자행되는 현실을 흔들림 없이 바라봅니다. 그들은 그렇게 두 눈을 부릅뜨고서 하나님의 진리가 형통하게 될 종래의 시간을 기다립니다.

거짓이 난무하는 세상에서 드리는 기도

하나님, 거짓이 가득한 세상에서 진리 위에 서는 우리가 되게 하소서.

탄원하는 소리

시편 80편 6~14절

　이방의 땅에는 구원을 바라고 자유를 탄원하는 목소리가 끊이지 않습니다. 그러나 그 땅의 지배자들은 자기 백성의 신원하는 소리를 듣지 않습니다. 그들은 자기들 땅에서 살아가는 백성들에 대하여 긍휼의 마음이 없습니다. 그들은 백성들과 그 땅을 거류하는 사람들의 신음소리를 들으면 들을수록 더욱 악해지고 패역하게 됩니다. 그들은 자기 백성의 고통스러운 신음소리에 더욱 가학적인 태도를 보입니다. 애굽의 왕 바로는 이스라엘 자손이 고통스러워 할 때 그들에게서 자식들마저 빼앗는 극악을 저질렀습니다 출 7:13. 앗수르의 왕들은 그들이 정복한 온 땅의 거민들을 폭압으로 다스리고 그들을 절망 가운데 신음하게 했습니다 나 2:12. 바벨론 역시 그들이 정복한 땅의 모든 사람들을 포로로 잡아가고 그 땅의 가난한 사람들을 생계의 대책도 없이 방치하여 내버려두었습니다 렘 52:16. 이방 나라의 지배자들은 자기 백성의 삶과 그 영혼에 대해 그 어떤 긍휼의 마음도 없는 사람들입니다. 그들은 자기들의 조상들처럼 그저 자기들의 배 속만 채우면 그만인 사람들입니다. 결국 그 땅의 거민은 핍박당하고 빼앗겨 버려진 채, 마치 '여리고로 가는 길에 강도 만난 사람'처럼 들판에 쓰러져

위에서부터 주의 손을 펴사
나를 큰 물과 이방인의 손에서 구하여 건지소서
시편 144편 7절

있습니다^{눅 10:30}.

그래서, 이방 나라의 폭압과 압제의 그늘에는 늘 구원을 바라며 간절히 탄원하는 소리가 있습니다. 그들은 그 땅에 사로잡혀 온 사람들이고 노예가 되어 끌려온 사람들이며 심지어 불의한 값으로 팔려온 사람들입니다. 지금 하나님의 백성들은 그 이방 땅 거민 가운데 함께 서 있습니다. 그리고 그 땅과 그 땅 거민을 위해 그리고 마지막으로 자신들의 구원을 위해 기도합니다. 하나님의 백성들은 기도 소리인지 울부짖음인지 구분되지 않는 그 땅 거민의 탄원의 소리를 대신하여 분명한 어조로 하나님을 구합니다. 하나님의 백성은 이렇게 기도합니다. 하나님, "위에서부터 주의 손을 펴사 나를우리를 큰 물과 이방인의 손에서 구하여 건지소서"시 144:7. 하나님의 백성은 그곳 사람들의 마음을 한데 모아 하늘을 향해 기도합니다. 그 땅의 고통받는 현실을 위한 기도야말로 이방 땅에서 하나님 백성이 드러내야 할 사명의 참모습입니다. 고통 가득한 이방 땅에서 하나님 백성의 기도 소리는 지금도 계속됩니다. 그런데 그 소리가 익숙합니다. 예수님께서 가르쳐 주신 기도입니다. "우리를 시험에 들게 하지 마시옵고 다만 악에서 구하시옵소서 나라와 권세와 영광이 아버지께 영원히 있사옵나이다 아멘"마 6:13.

탄원하는 사람들의 마음 가운데 드리는 하나님의 백성의 기도
주여, 이 땅의 현실을 돌아보아 주시고 이들의 간절한 기도를 들어주소서.

하나님의 구원

마태복음 4장 12~17절

갈릴리는 여호수아의 정복 이래, 솔로몬이 히람왕에게 그 마을과 도시들 가운데 일부를 넘겨주고 그리고 앗수르의 디글랏 빌레셀에 의해 빼앗긴 후 이방의 땅이 되었습니다왕상 9:11, 왕하 15:29. 디글랏 빌레셀은 갈릴리 일대를 정복하고 파괴한 후 그 땅에 살던 하나님의 백성들을 모두 포로로 잡아갔습니다. 그렇게 그 땅은 이방의 땅이 되었고 그 땅에서 쫓겨난 사람들과 그 땅에 남아 있던 사람들 모두는 폭압적인 이방 통치의 어둠 가운데서 신음하며 살게 되었습니다. 이후에도 갈릴리는 계속해서 이방인들의 폭력적인 지배와 각종 전쟁에 시달리는 땅이 되어버렸습니다. 당대 세계의 강대한 세력들이 그 땅으로 모여들어 전쟁을 벌였습니다. 갈릴리 산지 바로 아래 펼쳐진 이스르엘 평원의 므깃도Meggido라 불리는 곳은 세상 왕들이 모여 전쟁을 벌이는 대표적인 곳이었습니다. 신약성경의 마지막 책 요한계시록 역시 이 요란하고 무서운 곳을 아마겟돈Armageddon이라는 이름으로 기록해두었습니다계 16:6. 갈릴리는 이렇게 이방 나라들의 무도한 각축이 벌어지는 가운데 그 땅 거민이 하나님의 구원을 기다리는 곳의 대표가 되었습니다.

갈릴리는 흑암 가운데 고통받는 가운데 하늘 하나님의 구원을 기다리는 땅입니다. 이사야는 그 땅 갈릴리를 바라보며 이방의 흑암이 가득하다고 말했습니다. 그러나 그는 예언을 통해 그 이방의 땅에 하나님의 구원의 광명이 임할 것이라고 선언했습니다사 9:1. 하나님께서

는 이방 땅의 현실에서도 신실하게 기도하며 하나님의 구원을 기다리는 당신의 백성들의 탄원하는 소리를 들으셨습니다. 하나님께서는 이방의 땅에 당신의 구원의 빛을 비추기를 바라십니다. 그래서 당신의 종, 아들 예수님을 그 땅에 보내시고 그 땅을 당신의 은혜로운 빛으로 채우십니다. 예수님께서는 실제로 이사야의 예언을 실현하셨습니다. 예수님께서는 어느 날 회당으로 들어가 이사야서 9장의 말씀을 펼치신 후에 그 말씀이 오늘 당신을 통해 이루어졌다고 선언하셨습니다 마 4:15~17, 눅 4:21. 이방 땅 거민들을 구원하시는 하나님의 역사가 예수님을 통해 펼쳐집니다. 이제 그 땅의 엄혹한 현실을 신실한 하나님의 백성으로 기도하며 살아낸 이들에게는 큰 구원의 일들이 일어납니다. 그러나 그 땅의 현실을 공고하게 하고 그 땅의 거민을 고통으로 몰아넣은 불의한 세력들에게 하나님의 아들 예수님은 심판의 칼이 될 것입니다.

구원의 빛으로 오시는 예수님을 바라보며 드리는 찬양의 기도
주여, 어서 오시옵소서. 주님의 오심이 우리의 구원이며 우리의 해방입니다.

Forty day Meditations for Spiritual Pilgrims

떠나라는 부르심

Forty day Meditations for Spiritual Pilgrims

떠나라는 부르심

하늘을 떠난 하나님

빌립보서 2장 6~8절

하나님께서는 하늘 영광의 자리로부터 내려오셨습니다. 그리고 당신이 창조하신 세상 가운데서 인간의 삶을 사셨습니다. 당신의 보좌인 하늘을 떠나 창조자가 아닌 낮은 피조물의 모습으로 사신 것입니다. 하나님은 인간이 되기 위해 자기를 비우셨습니다. 그리고 창조의 하나님으로서는 낯선 인간의 모습, 인간의 마음, 인간의 삶을 취하셨습니다. 하나님께서 하늘을 떠나심은 여타의 다른 신들이 즐기듯 세상을 주유周遊하는 것과는 전혀 다른 목적이었습니다. 그것은 피조물을 시험하기 위해 세상을 훑어 다니던 사탄의 여행과도 전혀 다른 것이었습니다. 사실 하나님의 세상 여행은 하늘의 능력 있는 모습을 잃지 않은 채로 그 빛나는 영광 가운데 벌이셔도 될 일이었습니다. 그러나 하나님께서는 그 길을 택하지 않으셨습니다. 하나님께서는 자기를 비워 자기를 낮설게 하시고, 그렇게 피조물 인간이 되어 인간의 삶, 인간의 고통, 인간의 아픔을 공유하는 가운데 인간과 피조물을 구원의 자리로 인도하려 하셨습니다. 하나님께서는 자기를 비움이 곧 인간 구원과 피조세계 창조 질서 회복의 온전한 길임을 잘 아셨습니다. 그래서 하나님께서는 천상의 자리를 버리는 낯선 여행을 선택하

신 것입니다.

'이방의 길'은 자기 본향本鄕을 떠나는 것으로 시작됩니다. 하나님의 떠나심이 바로 이것입니다. 하나님께서는 세상을 창조하고, 세상을 섭리하며, 세상을 구원하기 위해 그리고 세상의 종말 실현을 위해 자신을 버리시고 낯선 피조 세계로의 여행을 떠나십니다. 하나님께서 하늘을 떠나심으로 우리는 비로소 존재할 수 있습니다. 하나님께서 자기를 비우심으로 우리는 비로소 숨 쉬고 먹고 살아갈 수 있습니다. 하나님께서 자신을 낮추셔서 인간과 피조물들과 동행하심으로 우리는 비로소 하나님의 구원 그 사랑을 맛볼 수 있습니다. 하나님께서 겸손히 오심으로 우리는 영화로운 종말의 때를 소망하며 살아갈 수 있습니다. 하나님께서 스스로 당신의 하늘 자리를 내려놓으시고 인간의 세계로 오셨다는 것은 우리와 피조물에게 은혜입니다. 그렇게 자기를 비우심으로 우리가 결국 잃었던 길을 다시 찾을 수 있기 때문입니다. 하나님께서 하늘을 떠나 낯선 피조 세계로 여행하셨던 일은 이제 우리의 낯선 여행에 귀감이 됩니다. 하나님의 백성으로서 우리가 가야 할 바를 알지 못하고, 해야 할 바를 찾지 못할 때 하나님을 바라보아야 합니다. 하나님을 바라보면 우리가 나아갈 이방의 길, 그 방향과 좌표가 보입니다.

하나님의 낯선 여행을 묵상하며 드리는 기도

하늘 보좌를 버리시고 인간으로 오신 하나님 당신의 그 마음을 닮기를 소망합니다.

본토 친척 아비집을 떠나

창세기 12장 1~4절

    유대인들의 미드라쉬 가르침에 의하면 아브라함과 그의 아버지 데라 가족은 메소포타미아 갈대아 우르Chaldean Ur에서 우상을 만들며 살았다고 합니다Midrash Bereishit Rabban 38:13. 그러나 아브라함은 신실한 사람이었습니다. 그는 조상인 노아로부터 셈으로 이어지는 온전한 '하나님의 길the way of God' 가르침을 받았습니다. 가르침을 받은 아브라함은 곧 자기 집에 있던 우르의 우상을 무너뜨렸습니다. 그리고 이방신을 숭배하는 우르와 우르 사람들 그리고 아버지의 관습이 아닌 하나님의 사람 노아와 셈의 신앙을 따라 살기로 했습니다. 아브라함의 이야기는 바벨탑 이후 여전히 세상을 지배하던 니므롯의 귀에도 들어갔습니다. 니므롯은 당장 아브라함을 잡아 오라고 명령했습니다. 그러나 아브라함은 기세등등한 니므롯 앞에서도 하나님에 대한 신앙을 굽히지 않았습니다. 그래서 니므롯은 화를 내며 아브라함을 불구덩이에 넣어버렸습니다. 그러나 아브라함은 하나님의 은혜로 거기서 살아나왔습니다. 그는 곧 아버지와 가족들을 데리고 니므롯이 다스리는 우르를 떠났습니다. 이것이 우리가 아는 창세기 12장 서두에 등장하는 아브라함의 여행, "본토와 친척과 아비집을 떠나" 새로운 약

속의 땅으로 길을 나선 여정의 뒷이야기 입니다.

하나님의 백성의 낯선 여행은 먼저 자신이 살던 곳을 낯설게 하는 일로부터 시작됩니다. 아브라함은 평생을 업으로 여기며 살던 우상 만드는 일, 그 우상을 만드는 일을 가업처럼 여기는 아버지 데라의 집, 그리고 그 우상을 섬기는 우르와 갈대아 문화를 낯선 것으로 여겼습니다. 그는 이제 아버지 데라와 그 일가의 삶, 우르에서의 삶, 메소포타미아 일대의 문화 모든 것이 낯설게 여겨지는 하나님의 길을 가는 하나님의 사람이 되었습니다. 하나님 스스로 하늘의 것을 낯설게 만드시고 이 땅에 오셔서 인간과 세상을 구원의 길로 인도하신 것과 마찬가지로, 아브라함은 평생을 살아오던 곳과 살아오던 삶의 습관을 낯설게 여겼습니다. 이 순간이야말로 우리가 아는 위대한 족장, 믿음의 조상 아브라함의 진짜 인생이 시작된 지점입니다. 그는 하나님의 부르심을 받은 진짜 인생을 위해 그때까지 살아오던 모든 것을 낯선 것으로 여겼습니다. 바울 역시 빌립보 교인들에게 "내가 그를 위하여 모든 것을 잃어버리고 배설물로 여긴다"라고 말한 적이 있습니다빌 3:8. 그도 자기가 살아온 세상, 자기가 아는 만큼의 세상을 낯설게 여기는 것으로 사명의 길을 연 것입니다. 이제까지의 것을 낯설게 여기기, 하나님 백성의 이방의 길 여행의 시작입니다.

자신의 본향을 낯설게 여기는 가운데 드리는 기도

제가 살아온 모든 것을 낯설게 여기는 가운데 하나님 구원의 지경이 넓어지게 하소서.

세상으로 내려서는 길

창세기 39장 20~23절

　　야곱의 열한 번째 아들 요셉은 형들에 의해 미디안 대상에게 팔려 애굽으로 갔습니다. 요셉이 노예로 팔려가던 시점에 애굽은 매우 큰 나라로 고대 세계 그 어디와도 비교할 수 없이 강했고 부유했습니다. 문명과 문화도 발달해서 세상 사람들은 애굽 땅으로 가서 사는 것을 영광으로 여기기도 했습니다. 그래서인지 요셉의 증조할아버지 아브라함이나 할아버지 이삭 역시 애굽에서 살 궁리를 했습니다. 족장들의 눈에조차 애굽은 자기들이 거류하던 가나안보다 훨씬 나아 보였을 것입니다. 그런데 요셉의 이방 세상으로의 초행길은 내리막길이었습니다. 그는 노예로 팔렸다가 신분이 상승되는 듯 했으나 결국에 거기서 다시 죄수로 전락했습니다. 그것은 그가 자원한 일이 아니었습니다. 그는 형들에 의해 마른 우물 바닥에 버려졌고, 거기서 미디안 장사꾼들에 의해 남쪽 애굽 땅으로 더 내려갔으며, 거기서 다시 섬기던 주인의 못된 아내에 의해 감옥의 나락으로 떨어졌습니다. 낯선 이방 땅 애굽을 맨정신으로 여행하는 일도 쉽지 않은 지경인데 요셉은 계속해서 추락에 추락을 거듭하며 그 땅의 현실을 온몸으로 체험했습니다. 그의 추락을 거듭하는 이방 땅 여행은 마치 하나님의 아들

예수님의 세상으로 오시는 모습과 많이 닮았습니다.

　요셉은 이방 세상으로 여행 했던 사람의 대표입니다. 그의 여행은
추락을 거듭한다는 면에서 하나님의 아들 예수님의 십자가 여행과
많은 부분이 교차합니다. 하나님께서는 당신의 아들을 인간으로, 종

으로 그리고 죽음으로 추락시키시면서 그 모든 낮아짐을 통해 당신의 피조물 인간과 세상을 사망으로부터 끌어내시고 죄로부터 구원하셨으며, 온전하고 거룩한 옷을 입히셔서 영화롭게 높이셨습니다. 당신의 아들이 이방 세계 가운데서 추락을 거듭할수록 세상은 하나님의 영광에 가까이 이르게 되었습니다. 창세기 39장 요셉의 이방 땅 여행이 이러했습니다. 요셉은 마치 예수님이 걸으셨던 길처럼 끊임없이 추락했고 그 추락 가운데 하나님께서는 그와 그 주변의 범사를 형통하게 하셨습니다 창 39:5,23. 그의 추락의 가장 밑바닥인 감옥에서 그는 결국 애굽과 세상 전체를 구원으로 인도하는 지혜로운 꿈 해몽을 이루게 됩니다. 하나님 백성의 이방 땅 여행은 이렇게 그 자신이 꾸준히 내려가는 여정입니다. 그러나 하나님께서는 우리의 내려섬을 통해 우리 주변과 세상을 형통하게, 평안하게 그리고 구원으로 이끄십니다. 하나님의 백성은 자기를 낮은 곳으로 이끄시는 섭리, 그 의미를 깊이 살펴야 합니다.

이방 땅으로 향하는 여행길에 드리는 기도
지금보다 더 낮아지는 가운데 하나님의 구원의 길이 더욱 열리게 하소서.

꾸준히 낯설게 하기

출애굽기 4장 10~13절

모세는 평생에 세 번에 걸쳐 낯선 곳으로 인생 여행을 떠났습니다. 첫 여행은 애굽 궁전을 향한 여행이었습니다. 그는 이스라엘 자손으로 태어났으나 곧 갈대 상자에 담겨 나일강에 버려졌습니다. 그리고 애굽 공주에게 구원받아 애굽의 왕자로 성장했습니다. 애굽의 왕자로 자라는 과정에서 모세는 그의 태생과 관련된 모든 정체성을 잊었습니다. 그는 이스라엘 자손으로서는 낯선 성장 과정을 거쳤습니다. 두 번째 여행은 미디안 광야로 나선 여행이었습니다. 어찌해서 애굽 궁전의 높은 지위를 박탈당한 모세는 미디안 땅에서 유목민으로서의 삶을 살았습니다. 그 시간 동안 그는 이전에 누리던 애굽 땅의 모든 것을 낯선 것으로 여기게 되었습니다. 세 번째 여행은 지도자로써 이스라엘 자손을 애굽으로부터 구출해 애굽을 탈출하는 여행이었습니다. 그는 이번에 애굽에서의 경험과 미디안에서의 경험 모두를 낯설게 여겨야 했습니다. 이 세 번째 여행에서 그는 애굽의 왕자로서의 경험과 미디안의 목동으로서의 경험 모든 것을 낯설게 여기고 하나님의 사람으로서 전혀 새로운 길을 걸었습니다. 모세처럼 극적인 여행자는 없었습니다. 그는 이전의 삶을 꾸준히 낯설게 하는 하나님의

여행자였습니다.

하나님의 백성은 부르심을 받기 전 어제의 삶을 낯설게 여기며 오늘과 내일을 준비하여 길을 나서는 사람들입니다. 하나님의 부르심에 합당한 삶을 산다는 것은 "이전 것은 지나갔으니 보라 새것이 되었도다"라고 말하는 바울의 선언에서 은근히 풍기는 기쁨과 난처함이 교차하는 삶입니다고후 5:17. 하나님의 백성이 이어가는 낯선 여행은 어쩌면 끝내 익숙해지지 않는 삶일 수 있습니다. 우리는 종종 이런 삶들을 선교사님과 목사님들의 빈번한 사역지 이동에서 보게 됩니다. 그러나 그들의 낯선 여행이 아무리 어렵다고 한들 모세처럼 어렵지는 않았을 것입니다. 모세는 오랜 광야 여행 끝에 하나님에 의해 요단 동편 느보산에 홀로 남아야 했습니다. 40년 지도자 생활을 이렇게 정리하다니 이보다 더 낯선 경험은 없을 것입니다. 그러나 모세는 꾸준히 자신의 여정을 낯설게 하는 여행을 받아들였습니다. 모세를 비롯한 하나님의 사람들은 한결같이 자신의 어려움이나 힘든 것보다 하나님께서 이끄시는 섭리를 더 중요하게 여깁니다. 그러다 보니 그 여행은 매번 익숙하지 않아 낯설고 어렵기만 합니다. 꾸준히 자신을 낯설게 하는 일, 이방 땅을 향한 여행에서 빠질 수 없는 대목입니다.

낯선 곳을 향한 어색한 여행을 앞두고 드리는 기도
어떤 어려움에도 보냄 받은 자리를 향한 신실한 행진이 꾸준히 이어지게 하소서.

뽑고 파괴하며 파멸하고 넘어뜨리며

예레미야 1장 7~10절

　　예레미야는 하나님의 부름받은 선지자였습니다. 그는 예루살렘을 우러러보는 곳, 예루살렘 동편 자락 아래 아나돗Anadoth 출신입니다. 그는 예루살렘의 왕궁과 주류 사회가 아닌 변방 구석에서 사는 아무도 모르는 몰락한 제사장 집안의 후예였습니다. 그런데 하나님께서 그를 당신의 말씀을 예언預言하는 사역자로 세우셨습니다. 예레미야는 두려웠습니다. 변방에 사는 자신이 그럴 자격도 없거니와 변두리 사람이 함부로 하나님의 말씀을 예언하다가 큰 봉변을 당할 수도 있었기 때문입니다. 특히 하나님께서 그에게 주신 말씀은 그를 더욱 두렵게 했습니다. 하나님께서는 예레미야에게 "보라 내가 오늘 너를 여러 나라와 여러 왕국 위에 세워 네가 그것들을 뽑고 파괴하며 파멸하고 넘어뜨리며 건설하고 심게 하였느니라"라고 말씀하셨습니다렘 1:10. 이런 예언은 두려운 일입니다. 왜냐하면 예루살렘과 같은 곳 기득권자들 앞에서 예언자들은 정복과 승리, 축복과 번영을 전하는 것이 유리했기 때문입니다. 하나님께서 예레미야에게 위탁하신 말씀은 낯설고 위험하기 짝이 없는 것이었습니다. 발전과 번영 대신 "뽑아 파괴

하며 파멸하고 넘어뜨리겠다"는 것은 누구에게도 환영받을만한 말들이 아니었습니다.

하나님의 사람들이 전하는 하나님의 말씀과 사역은 당대 이방 땅이나 이방 땅이나 다를 바 없는 곳에서 사는 사람들에게는 무척이나 낯선 것들입니다. 그들은 발전과 번성, 정복과 승리에 많은 관심을 기울이는 사람들입니다. 그래서 그들은 자기들에게 조건 없는 축복을 약속하는 신들만을 즐기고 그들에게만 예배합니다. 오로지 번영과 성장과 축복만을 추구하는 곳, 그런 곳이 바로 이방의 땅입니다. 그런데 하나님께서는 당신의 사람들에게 그 땅으로 가서 거기서 그들의 파멸과 파괴, 그리고 하나님에 의한 재건을 외치라고 말씀하십니다. 그것은 하나님의 사람들에게 뿐 아니라 누구라도 무척이나 어렵고 힘든 사역입니다. 그러나 이 낯선 사명은 하나님의 백성이 듣고 순종하여 결단해야 하는 것입니다. 우리는 이방 땅의 번영을 즐기고 축하하는 사람들 사이에서 그들이 이상하게 여기고 적대감으로 들어야 하는 예언을 전해야 합니다. 오늘도 하나님께서는 당신의 낯선 사명을 들고 이방의 땅으로 길을 나설 예레미야를 찾습니다. 누가 그 낯선 부르심에 순종하겠습니까? 누가 그 낯선 사명을 품고 그들에게 가야 하겠습니까? 오늘 이 묵상을 읽고 기도하는 우리입니다.

순종으로 나서는 낯선 사명의 길에서 드리는 기도
어떤 적대감이 기다린다고 할지라도 담대하게 하나님의 말씀을 전하게 하소서.

돌아가리라는 예언

예레미야 29장 1~10절

주전 605년과 597년 두 번에 걸쳐 많은 유대인이 바벨론에 볼모로 잡혀갔습니다. 다니엘과 세 친구들 혹은 에스겔 같은 젊은이들이 대부분이었습니다. 그들은 바벨론 인근 여러 곳에 흩어져 살았습니다. 그들은 거기서 예루살렘의 형편에 대한 소식을 들었습니다. 많은 사람이 "예루살렘은 망하지 않을 것이다. 언젠가 하나님께서 바벨론을 멸망시키신 후 너희를 다시 예루살렘으로 돌아오게 할 것"이라고 말했습니다렘 28:1-4. 사람들은 그들의 말을 실낱같은 희망으로 믿었습니다. 그러나 그것은 잘못된 예언이었습니다. 하나님의 예언자 예레미야는 그들이 듣기 어려워하는 하나님의 계획을 전했습니다. "바벨론은 무너지지 않을 것입니다. 오히려 바벨론에 의해 예루살렘이 무너질 것입니다. 그리고 바벨론에 포로로 잡혀간 이들은 아주 오랫동안 그 땅에서 살아야 합니다." 에레미야의 예언은 여기서 그치지 않았습니다. "그런데 포로로 잡혀간 지 70년이 지나면 하나님께서 당신들을 다시 예루살렘으로 돌아오도록 하실 것입니다." 바벨론에 볼모가 된 사람들은 예레미야의 두 번째 이야기가 더 이상했습니다. 포로생활이 70년이나 지나 바벨론 땅에서 살만해지니 다시 예루살렘으로 돌

아가리라는 것은 납득할 수 없는 예언이었습니다. 그들은 예레미야의 이 낯선 예언을 받아들이지 않았습니다.

하나님의 백성이 전해야 하는 낯선 예언, 하나님의 백성이 수행해야 하는 낯선 사명은 이방 땅의 현실을 살아가는 이들이 받아들이기 어려운 전개일 때가 많습니다. 노아의 방주는 당대 사람들이 도무지 이해하기 어려운 계획이었습니다. 모세의 출애굽 제안은 더욱 그랬습니다. 대부분 이스라엘 자손은 모세 자체를 믿지 못하겠다며 그의 계획을 거부했습니다. 여호수아와 갈렙의 가나안 입성 제안도 그랬습니다. 이제 예레미야가 그 이상하고 낯선 제안을 다시 실행합니다. 포로로 잡혀가 그 막막하고 처연한 현실을 살아가는 이들은 예레미야의 이야기보다 선지자 하나냐의 거짓 예언이 더 받아들일 만했습니다. 그러나 그들의 미래는 하나냐의 들을 만하지만 거짓된 예언에 달리지 않았습니다. 그들의 미래는 예레미야가 말하는 이해하기 어려운 낯선 예언에 달려있었습니다. 하나님의 백성이 떠나는 낯선 사명의 여행은 이런 반감을 상대합니다. 그러나 그 여행은 계속되어야 합니다. 우리는 우리의 말을 듣고 이해하여 동행하기로 결단하는 사람들이 나타날 때까지 꾸준히 신실하게 계속해서 여행을 이어야 합니다. 그러니 이상하게 생각하지 맙시다. 우리와 같은 나그네들조차 보이는 반감은 우리의 여행에서 당연한 현실입니다.

우리를 받아들이지 않은 현실에서 드리는 기도
그들이 듣지 않고 받아들이지 않더라도 우리의 선포가 그치지 않게 하소서.

그들에게도 구원의 길을

이사야 56장 6~7절

포로된 바벨론 땅에서 부름 받은 하나님의 예언자는 하나님 백성의 온전한 회복을 전파합니다. 그런데 그는 하나님 백성의 회복으로 예언을 끝내지 않았습니다. 그는 하나님께서 창조하신 땅의 모든 것이 하나님 구원의 은혜 아래 회복될 것을 예언하며 담대하게 선포했습니다. 그는 특별히 이방 땅 사람들이 하나님의 구원을 전하는 이들의 헌신으로 하나님께 돌아오게 될 것을 전합니다. 그런데 이 놀라운 예언은 구약성경의 말로 끝나지 않았습니다. 이방인이 회복되리라는 예언은 예수님의 사역과 선포 가운데 결실하게 됩니다. 예수님께서는 십자가 죽음의 길로 다가가시는 가운데 예루살렘의 성전을 정화하셨습니다. 예수님께서는 성전 뜰 이방인들을 위해 배려한 구역에서 선민 유대인들이 좌판을 펼쳐놓고 장사하는 것을 보시고 크게 화를 내시며 그들을 그곳에서 쫓아내셨습니다. 그리고 그 뜰을 원래 주인 이방인들에게 돌려주셨습니다. 예수님께서는 그때 옛날 바벨론에서 예언자가 선언한 그 말을 그대로 반복하셨습니다. "내 집은 만민이 기도하는 집이라 칭함을 받으리라고 하지 아니하였느냐 너희는 강도의 소굴을 만들었도다"막 11:17. 예수님께서는 이방의 사람들을 하

나님 구원의 그늘 아래로 초청하시면서 구약의 예언을 성취하셨습니다.

　이방의 사람들도 하나님 구원의 은혜 아래 설 자리를 얻어야 합니다. 하나님께서는 말세에 온 나라와 백성과 민족과 방언 가운데서 하나님의 은혜를 누린 사람들이 나아오기를 바라십니다. 하나님의 구원을 기뻐하며 어린양 예수의 십자가 능력을 찬양하는 자리는 모두의 자리, 누구나의 자리여야 합니다. 이것은 누군가에게 불편한 일일수 있습니다. 신약성경의 유대인들이 그랬습니다. 하나님의 백성은 그런 그들의 태도를 오히려 낯설게 여깁니다. 하나님의 백성은 은혜의 늦은 비, 그 역사가 유대인에게만 내리고 이방인에게는 내리지 않으리라는 생각을 이상하고 낯설게 여기는 사람들입니다. 바울이 그랬습니다. 그리고 이렇게 말했습니다. "유대인이나 헬라인이나 차별이 없음이라 한 분이신 주께서 모든 사람의 주가 되사 그를 부르는 모든 사람에게 부요하시도다"롬 10:12. 오늘 우리는 구원의 문이 특정인에게만 선별적으로 열려있다는 생각을 낯설게 여깁니다. 우리는 누구에게나 구원의 빛이 임한다는 생각으로 담대하게 이방의 땅으로 가서 거기서 하나님의 기쁜 구원의 소식을 전합니다. 이제 우리가 스스로 낯설게 여겨야 하는 한 가지가 있습니다. 우리만이 선민이요 복음은 우리에게만 어울릴 것이라는 생각입니다.

우리의 편견을 버리며 드리는 기도
주님의 은혜의 단비가 우리의 원수에게도 내리고 있음을 늘 기억하게 하소서.

각자의 땅 끝에 서다

사도행전 1장 4~8절

성령은 하나님의 사람들을 보냄 받은 땅으로 나아가도록 이끄십니다. 그렇게 모세는 바로의 궁정에 섰고, 엘리야는 아합의 사마리아 왕궁 뜰에 섰습니다. 이사야는 산헤립 앞에 그리고 므낫세 앞에 섰으며, 예레미야는 여호야긴과 그리고 애굽으로 간 일단의 이스라엘 백성 앞에 섰습니다. 아모스는 바산의 암소들과 같은 이스라엘의 귀족들 앞에 섰고, 호세아는 음란한 고멜 앞에 섰습니다. 요나를 기억하십시오. 그는 포악한 앗수르 니느웨와 앞에 섰고, 다니엘은 무도한 바벨론과 바사의 왕들 앞에 그리고 그들이 보낸 사자들 앞에 섰습니다. 하나님의 백성은 사명으로 보냄 받은 땅의 극단적인 상황의 끝자락 가운데 줄곧 섰습니다. 땅 끝에 서는 일은 이후 신약시대에도 줄곧 이어졌습니다. 스데반은 성난 자유민의 회당 사람들 앞에 섰고, 집사 빌립은 남쪽 광야에서 에디오피아의 내시 앞에 섰습니다. 베드로는 로마인 고넬료 앞에 섰고, 야고보는 헤롯 아그립바 2세의 칼날 앞에 섰습니다. 마태는 에티오피아의 잔인한 원주민 앞에 섰고 도마는 창을 든 인도의 지배자 앞에 섰습니다. 제자 빌립은 광포한 히에라볼리의 폭도들 앞에 섰고 바돌로매는 자기 피부를 벗겨 죽이려는 아르메니

아의 고문관들 앞에 섰습니다. 성경이 기록한 하나님의 사람들은 한결같이 그들만의 땅 끝, 낯선 복음의 변방에 섰습니다. 그리고 거기서 순교를 불사하면서 주어진 사명에 헌신했습니다.

예수님께서 약속하신 성령은 우리를 안정적이고 편안하며 진급과

오직 성령이 너희에게 임하시면
너희가 권능을 받고 예루살렘과 온 유대와 사마리아와
땅 끝까지 이르러 내 증인이 되리라 하시니라
사도행전 1장 8절

안정적인 봉급이 보장된 자리로 인도하지 않으십니다. 예수님께서는 하늘로 올라가시기 전에 분명하게 말씀하셨습니다. "너희는 몇 날이 못 되어 성령으로 세례를 받으리라"^{행 1:5}. 그런데 그 성령께서는 하시는 일이 정해져 있었습니다. 제자들과 사도들에게 충만하여 당신의 뜻으로 그들의 마음을 채우신 뒤 그들을 각자의 땅 끝으로 몰아내신 후, 거기 낯선 땅에서 복음을 위해 헌신하게 하시는 것입니다. 그래서 예수님께서는 이렇게 말씀을 이으셨습니다. "오직 성령이 너희에게 임하시면 너희가 권능을 받고 예루살렘과 온 유대와 사마리아와 땅 끝까지 이르러 내 증인이 되리라"^{행 1:8}. 우리가 보냄 받는 땅 끝은 우리에게 익숙하여 편한 곳이 아닙니다. 우리가 복음의 증인이 될 곳은 우리가 한 번도 경험한 적이 없어 무척 낯선 곳입니다. 하나님의 영이 우리에게 임하실 때 우리에게 어떤 일이 일어나는지 기억하십시오. 그분은 우리를 낯선 땅 끝으로 몰고 가시는 거룩한 열정의 영이십니다.

땅 끝으로 부름받은 자리에서 드리는 기도

주께서 보내시는 곳 어디든 순종하며 증인으로 삶을 살겠습니다.

흩으심이 바로 부르심

사도행전 8장 1~6절

오순절에 임하신 성령께서는 예루살렘 마가의 다락방에 틀어박혀 있던 초대교회 사람들을 거리로 나서게 했습니다. 제자들과 사도들은 담대한 마음으로 예루살렘 거리 곳곳에서 예수의 복음을 전했습니다. 예루살렘 사람들은 그들이 얼마 전 십자가에 달려 죽은 예수의 사람들인 것을 알게 되었습니다. 그리고 그들과 대립하기 시작했습니다. 스데반이 먼저 순교했습니다. 그는 자유민의 회당synagogue of freedmen 사람들에게 고발당해 산헤드린에 의해 처형되었습니다행 7:57~60. 스데반이 순교하고서 바리새인 가운데 유대교에 열심히 있던 사울은 예수의 사람들을 잡아들이는 일에 앞장섰습니다. 바울의 박해는 교회를 흔들었습니다. 초대교회 사람들은 한편으로 담대했지만 다른 한편으로 두렵기도 했습니다. 특히 스데반과 같은 헬라파 그리스도인들이 더욱 그랬습니다. 결국 많은 사도와 제자가 예루살렘을 떠나야 했습니다. 그들 가운데 빌립은 사마리아로 갔습니다. 거기서 사마리아 사람들에게 복음을 전했습니다. 몇몇 다른 사람들은 온 유대와 갈릴리 등으로 나섰습니다. 그리고 거기서 유대인뿐 아니라 고넬료와 같은 이방인에게도 복음을 전했습니다행 10:47~48.

　예루살렘교회의 사도들과 제자들은 성전 사람들의 핍박은 어찌어
찌 견뎠지만, 사울과 그 부류의 기세등등한 박해는 두려워했고 힘들
어했습니다. 그들은 마음으로는 예루살렘교회에 함께하며 교회가 더
욱 부흥하기를 바랐지만, 물리적인 상황은 그렇지 못했습니다. 결국

사도들과 제자들은 교회와 예루살렘을 떠났습니다. 그렇게 교회는 흩어졌습니다. 그런데 교회가 흩어지는 일은 오히려 예루살렘을 넘어서 "온 유대와 사마리아 그리고 땅 끝까지" 복음이 증거 되는 일의 시작이 되었습니다^{행 1:8}. 교회의 흩어짐은 꼭 절망스러운 일만은 아닙니다. 교회가 흩어지면 곳곳에서 더욱 은혜로운 일들이 일어납니다. 흩어진 사람들이 각자의 땅 끝으로 나아가 복음을 전하고 그곳에 새롭게 교회를 시작하기 때문입니다. 실제로 흩어진 사도들과 제자들은 사마리아와 유대 그리고 갈릴리 곳곳에서 놀라운 사역의 결실을 얻었습니다^{행 9:31}. 하나님의 백성은 흩어지는 사람들입니다. 우리는 교회라는 한 곳에만 결집하여 자기들만의 공동체를 형성하지 않습니다. 우리는 우리를 흩으시는 하나님의 뜻에 순종합니다. 그렇게 흩어짐이 결국 우리가 이방의 땅으로 나아가게 되는 길이기 때문입니다.

흩으시는 하나님의 뜻에 순종하며 드리는 기도
흩으시고 보내시는 하나님께 감사하며 기쁨으로 이방을 향한 선교의 길을 나섭니다.

낯선 이방 땅으로

로마서 15장 16~20절

　기세가 등등하게 예수의 사람들을 체포하고 박해하던 사울_{바울}이
예수님을 만나 변화되었습니다. 그는 당장에 예수의 사람이 되어 십
자가 복음을 전하는 사람으로 바뀌었습니다. 그런데 예수님께서는
바울을 그저 부르지 않으셨습니다. 예수님께서는 무엇을 하든 열정
으로 가득한 사울에게 이방인을 위한 사도가 되도록 하셨습니다<sub>행
26:23</sub>. 바울은 예수님의 부르심에 순종했습니다. 그리고 안디옥교회의
파송을 받아 이방인을 향해 나아갔습니다. 바울의 이방인 사역은 구
브로를 시작으로 갈라디아와 아시아, 마게도냐와 아가야를 지나 로
마를 거친 후 서바나를 거쳐 달마디아와 그레데 등지로 이어졌습니
다. 바울은 자신에게 주어진 모든 이방 땅을 향해 순종과 결단으로
나아갔습니다. 바울은 "여러 번 여행하면서 강의 위험과 강도의 위험
과 동족의 위험과 이방인의 위험과 시내의 위험과 광야의 위험과 바
다의 위험과 거짓 형제 중의 위험을 당하고 또 수고하며 애쓰고 여러
번 자지 못하고 주리며 목마르고 여러 번 굶고 춥고 헐벗기도" 했습
니다_{고후 11:26-27}. 그러나 그는 주저하지 않고 복음이 이미 편만한 곳에
머물지 않고 새로운 이방 땅을 향해 나아갔습니다_{롬 15:20}. 그는 진정

이방 사람들을 위한 소명의 사역자였습니다.

바울은 이방의 길로 나아가는 하나님의 백성의 모범입니다. 바울은 평생에 온통 가시밭과 같은 길을 걸었습니다. 그러나 그것이 이방에 빛을 전하고 그곳 사람들에게 복된 소식을 전하며 그곳을 하나님의 나라에 편입시키는 일이라면 주저하지 않았습니다. 그는 믿음의 조상들이 그랬던 것과 같이 흔들림 없이 주어진 땅 끝 여행을 지속했습니다. 바울의 이방 여행은 낯선 것들과 두려운 것들로 가득한 것이었습니다. 온갖 물리적인 어려움과 지리적인 어려움, 사람들 특히 동료 유대인들의 어려움이 그가 가는 곳곳에서 그를 막아섰습니다. 특히 거대한 헬라문화와 로마제국의 권세는 그가 충분히 두려워할 만한 것이었습니다. 그래서 그는 이방의 길을 걷던 어느 순간 "약하고 두려워하고 심히 떨었노라"라고 고백하기도 했습니다.고전 2:3. 그러나 두려움과 떨림이 그의 사명 여행을 막아서지는 못했습니다. 그는 돌아가더라도 계속 그 길을 걸었고, 더디더라도 그 여행을 멈추지 않았습니다. 바울의 길은 온전히 낯선 이방의 길이었습니다. 이제 그가 걸었던 길은 우리가 걸어야 할 길입니다.

이방을 향해 선교의 길을 나서며 드리는 기도
두렵고 떨리는 마음에도 기도하며 일어서 나아갑니다. 우리 손과 발에 힘을 주소서.

Forty day Meditations for Spiritual Pilgrims

이방을 향한 사명

Forty day Meditations for Spiritual Pilgrims

이방을 향한 사명

하나님의 마음 새기기

미가 1장 1~4절

선지자 미가는 당신의 백성을 매정하게 징계하시는 하나님을 바라봅니다. 하나님께서는 당신의 백성 이스라엘을 무너뜨리시고 바벨론으로 흩어버리셨습니다미 4:10. 그런데 하나님의 마음은 그것이 끝이 아니었습니다. 하나님께서는 당신의 백성을 그 땅에서 돌아오게 하실 계획을 갖고 계십니다. 미가는 이렇게 전합니다. "그 날에는 내가 저는 자를 모으며 쫓겨난 자와 내가 환난 받게 한 자를 모아 발을 저는 자는 남은 백성이 되게 하며 멀리 쫓겨났던 자들이 강한 나라가 되게 하리라"미 4:6-7. 하나님께서 궁극의 회복을 이루시는 날은 세상 모든 피조물의 마지막 날이 될 것입니다미 4:1. 그런데 그날이 이스라엘과 선택받은 사람들만의 회복의 날은 아닙니다. 그날은 이스라엘과 선택받은 백성을 포함하여 이방 땅의 모든 사람에게도 구원과 회복의 날이 될 것입니다. 미가는 그날의 비전을 이렇게 전합니다. "민족들이 그리로 몰려갈 것이라 곧 많은 이방 사람들이 가며 이르기를 오라 우리가 여호와의 산에 올라가서 야곱의 하나님의 전에 이르자 그가 그의 도를 가지고 우리에게 가르치실 것이니라 우리가 그의 길로 행하리라"미 4:1-2. 회복하시는 끝날에 하나님께서는 이방 땅의 모든

거민들도 당신이 구원의 자리로 부르십니다. 이것이야말로 종말을 향한 하나님의 마음입니다.

이방의 길에는 패역하고 교만한 사람들로 가득합니다. 그 땅은 하나님을 멀리하고 하나님의 공의를 무너뜨리기 위해 갖은 모략을 벌이는 곳입니다. 그 땅은 온갖 불의로 악취가 나고 온갖 포학으로 피비린내가 나는 땅입니다. 그러나 하나님께서는 그곳을 새롭게 하시고 그곳 사람들마저도 당신 구원의 자리로 초대하십니다. 이것이 바로 이 세상을 창조하시고 섭리하시는 하나님의 마음입니다. 우리의 하나님은 아버지의 마음을 품고 계셔서 "누구든지" 회개하는 마음으로 "주의 이름을 부르는 자는 구원을 받을" 것입니다롬 10:13. 이방의 길을 가는 하나님의 백성은 하나님의 마음을 잘 알아야 합니다. 세상에 구원의 빛을 비추시되 의인과 불의한 자 모두에게 동일한 빛을 비추시고 하나님의 백성과 원수 모두에게 동일한 은혜의 비를 내리시는 분이 바로 우리 하나님이십니다. 오늘 이방 땅 패역한 사람들 사이에서 의의 길을 여는 하나님의 백성은 하나님의 자비하신 마음, 그 은혜와 사랑을 깊이 이해하는 사람들입니다.

이방의 길 가운데서 하나님의 마음을 새기는 기도
불의한 모습으로 서 있는 저들에게도 우리와 동일한 은혜의 단비를 내리소서.

갈릴리에서 시작하기

누가복음 4장 14~15절

    예수님 시대 갈릴리는 사람들 사이에서 이방의 땅과 죄인들의 땅, 무지한 자들의 땅으로 여겨지던 곳이었습니다. 심지어 사람들은 그 땅의 강도들의 땅이라고 여기기도 했습니다. 갈릴리 사람들은 본인의 의지와 상관없이 이방인 취급을 받았고 율법을 모르는 무도한 자들로 취급받았으며 심지어 죄인으로 여겨지기도 했습니다. 갈릴리는 무엇보다 불의한 압제와 포학한 학정으로 신음하는 땅이었습니다. 그래서인지 갈릴리에는 유난히 병든 자들과 귀신 들린 자들이 많았습니다. 예수님께서는 당신 사역의 첫발을 이 갈릴리에서 떼셨습니다. 예수님께서는 사시던 나사렛에서 가버나움과 인근 포구들로 내려가셔서 거기 이방의 땅 현실을 살아가는 사람들을 만나시고 그들에게 회복과 구원의 길을 전하셨습니다. 하나님의 아들 메시아로서 사역을 시작하신 예수님은 요단강에서 요한에게 세례를 받으신 후 갈릴리로 가셨습니다. 그리고 거기서 병자들을 고치시고 하나님 나라를 선포하시며 제자들을 부르시어 하나님의 백성으로 세우셨습니다. 사람들은 이방의 땅을 어렵게 살아가는 자기들에게 오신 예수님을 기뻐했습니다. 그들의 병을 낫게 해 주시고 회복하게 하시어 살길

을 열어주시는 예수님을 칭송했습니다.

우리의 이방 땅 여행은 예수님의 갈릴리 길을 따릅니다. 예수님께서는 그곳 사람들의 삶을 바라보셨고 그 땅에 드리운 암울한 현실을 직시하셨습니다. 무엇보다 예수님께서는 갈릴리의 사람들에게 하나님의 은혜와 사랑이 임해야 한다는 것을 주지하셨습니다. 그렇게 예수님께서는 이방의 땅 갈릴리로 가셨고 그곳 사람들에게 하나님의 사랑과 은혜를 전해주셨습니다. 예수님의 갈릴리 길은 그래서 긍휼로 다가서는 길입니다. 예수님께서는 그곳 사람들을 지극히 불쌍히 여기시고 그들에게 필요한 것을 채워주려 애쓰셨습니다. 무엇보다 예수님의 갈릴리 길은 회복과 부흥의 길입니다. 예수님께서는 그곳 사람들에게 하나님의 치유와 회복의 놀라운 일들을 보이셨고 그들에게 하나님 나라 삶의 비전과 가치를 심어주셨습니다. 무엇보다 예수님께서는 그곳 사람들을 하나님 백성의 삶으로 끌어올리셨습니다. 그래서 그들이 이방 땅의 낮고 천한 현실을 딛고 일어서 고양된 삶을 살도록 안내하셨습니다. 이제 예수님께서는 우리를 세우셔서 당신이 가시려 했던 갈릴리 고을들로 보내시고, 우리가 긍휼과 회복 그리고 고양의 사역자로 그들 가운데 놀라운 일들을 일으키기를 바라십니다.

이방의 땅 갈릴리에서 예수님과 함께 드리는 기도
주님의 마음으로 그 땅을 바라볼 때 그곳에 회복과 부흥, 고양이 일어나게 하소서.

사람들이 꺼리는 땅

요한복음 4장 3-7절

북이스라엘이 앗수르에게 무너졌을 때 살만에셀은 많은 수의 이스라엘 백성을 끌고가 고산 강가 할라와 하볼과 메데 사람의 여러 지역에 분산해 살도록 했습니다왕하 17:6. 그리고 바벨론과 구다와 아와와 하맛 그리고 스발와임에서 사람들을 데려다 북이스라엘 사람들이 살던 땅을 차지하고 살도록 했습니다왕하 17:24. 그때 유입된 사람들이 남아있던 이스라엘 백성과 결혼해 자손이 번성하게 되었는데 이들이 바로 사마리아 사람들Samaritans입니다. 성경은 이 사람들이 제각각 신들을 섬겼고 그 신들을 사마리아 곳곳 산당에 두었다고 기록합니다. 그리고 그들이 "오늘까지 이전 풍속대로 행하여 여호와를 경외하지 아니하며 또 여호와께서 이스라엘이라 이름을 주신 야곱의 자손에게 명령하신 율례와 법도와 율법과 계명을 준행하지 않는다"라고 말합니다왕하 17:34. 바벨론에서 돌아와 정착한 유대인들은 자기들과 사마리아인들을 구별했고 점차 그들과의 교류를 꺼렸습니다. 그들은 결국 그들만의 거주지를 형성하고 그리심 산에 자기들의 산당을 두고서 유대교와 유사하지만, 그들만의 다른 신앙을 갖게 되었습니다. 그렇게 예수님 시대에 사마리아는 유대인들이 꺼리는 땅이 되었습니다.

　예수님께서는 선택된 사람들만이 아니라 세상 모든 만민을 하나님 구원의 빛 가운데로 인도하는 사명을 깊이 인식하셨습니다. 그래서 사람들이 꺼리는 땅 사마리아로 가셨습니다. 그리고 물을 뜨러 나온 사마리아 여인을 포함한 그 땅 많은 사람에게 구원의 자리로 나오는

길을 여셨습니다. 이때 예수님께서는 참으로 하나님을 예배하는 일이 특정하게 구별된 땅과 장소가 아닌 "영과 진리로 드리는" 마음에 세워져야 한다는 것을 말씀하셨습니다요 4:24. 이것은 이방인 취급을 받던 사마리아인들에게는 새로운 비전이었습니다. 그들은 유대인들이 고집스레 지키는 예루살렘 성전 예배로부터 자유로우면서도, 그들의 지키는 그리심 산의 잘못된 예배로부터도 벗어날 길을 예수님에게서 얻게 된 것입니다. 예수님께서 가신 이방의 길은 이렇게 유대인과 같은 선택받은 사람들과 배제되어 죄인 취급을 받는 이방인 모두에게 은혜가 되는 제3의 길이었습니다. 우리가 걷는 길은 이방인들이 참여할 수 없는 폐쇄된 길도 아니고 하나님의 사람들이 꺼리는 무도한 길도 아닙니다. 그 길은 '유대인과 이방인 모두에게' 은혜가 되는 새로운 길이어야 합니다. 하나님의 사람들은 그 제3의 길을 예수님과 함께 열어갑니다.

모두가 꺼리는 땅에서 드리는 진리의 기도

우리가 전하는 진리로 그 땅 가운데 참된 예배의 역사가 일어나게 하소서.

은혜를 사모하는 사람들

마가복음 7장 24~30절

   예수님 시대 유대인의 회당에는 '하나님을 경외하는 사람'God-fearer
이라고 불리는 일단의 이방인들이 있었습니다. 그들은 대부분은 헬
라 사람들이었지만 간혹 로마 사람들도 있었습니다. 그들은 예루살
렘의 성전과 유대인 회당 가까이 있으면서 유대교가 가르치는 하나
님에 대해 듣고 그 신앙하는 삶을 배웠습니다. 그들에게는 하나님을
향한 경외감이 있었고 경건한 삶을 진중하게 실천하고자 하는 의지
가 있었습니다. 일부를 제외하고 하나님을 경외하는 이방 사람들은
대체로 유대교로 개종하지는 않았습니다. 하나님을 사모하는 마음이
있다 해도 유대교에 귀의하거나 혹은 유대인이 되는 일은 다른 문제
였습니다. 그래서 그들은 회당을 지어 바치거나 혹은 유대인에게 선
의를 베푸는 일들을 하기도 했습니다. 실제로 사도행전 곳곳에 이런
하나님을 경외하는 사람들이 등장합니다. 고넬료나 혹은 루디아가
이런 부류의 사람들이었고, 비디시아 안디옥의 회당 주변에 이런 부
류의 사람들이 있었습니다행 14:16,43. 바울은 이들의 열정과 헌신을 보
고서 그들의 마음에 예수님의 십자가 복음을 심어주었습니다. 경건
한 이방인들은 곧 바울을 따랐고, 곧 이방의 땅 교회들의 중요한 일

원이 되었습니다.

　하나님을 경외하는 이방인의 모습은 예수님께서 만난 수로보니게 ^Syro-Phoenicia^ 여인에게서도 발견됩니다. 수로보니게 여인이 '하나님을 경외하는 사람'이었는지는 분명하지 않습니다. 그러나 그녀의 은혜를 받고자 하는 진중함과 열정은 '하나님을 경외하는 사람들' 못지않았습니다. 예수님께서는 이 수로보니게 여인의 믿음과 열정을 보셨습니다. 그녀는 "상 아래 개들도 먹던 부스러기를 먹는다"라고 하면서 자기 딸에게서 귀신을 쫓아주시기를 간절히 바랐습니다막 7:28. 예수님께서는 이 이방 여인의 간절함에 주목하셨습니다. 그리고 그녀와 그녀의 딸에게 치유와 회복의 은혜를 베푸셨습니다. 예수님 시대 이방의 땅은 금기시되는 곳이었습니다. 그 땅은 죄인들이 사는 곳이고 경건하지 못한 이들이 가득한 곳이라 여긴 것입니다. 그러나 그 땅에서 때로는 유대인의 종교적 열정을 넘어서는 깊은 신앙의 사람들이 일어났습니다. 예수님의 이방 땅 여행은 그들이 품은 열심을 발견하는 여정이었습니다. 우리는 때로 이방 땅에서 우리보다 더한 신앙의 열정을 품은 이들을 마주합니다. 그들은 이방 땅의 보배들입니다. 우리는 그들을 통해 그 땅이 회복되어 하나님의 구원을 경험하리라 믿으며 그들에게 다가가야 합니다.

경건한 이방인들과 함께 드리는 기도

경건한 사람들을 함께하게 하셔서 이들을 통해 그 땅이 회복되는 역사를 이루소서.

턱 밑의 낯선 땅

누가복음 8장 26~39절

예수님께서 갈릴리에서 사역하실 때 거라사Gerasa는 소위 데가볼리 Decapolis라고 불리는 헬라인들의 지경이었습니다. 그곳은 유대인들이 사는 지경과 인접한 곳이었지만 철저하게 이방의 땅이었습니다. 그 곳에는 헬라신들을 숭배하는 신전이 즐비했고 헬라 문화가 가득했습니다. 당연히 유대인들은 그 땅을 정결하지 못한 곳으로 여기며 그곳을 다니는 일을 조심스러워했습니다. 그러나 데가볼리는 유대인들의 일상 특히 유대인들의 경제 활동과 밀접한 곳이었습니다. 그래서 많은 유대인이 그곳을 경멸하며 그곳에 가기를 두려워했지만, 역시나 많은 유대인이 그곳으로 가서 경제 활동을 통해 많은 돈을 벌기도 했습니다. 그 땅은 유대인에게 불결한 냄새를 피우기도 하지만 동시에 먹고사는 길을 열어주기도 하는 그런 곳이었습니다. 그런데 거라사는 데가볼리 지경 가운데 갈릴리 유대인 거주 지역과 가장 가까운 곳에 있었습니다. 갈릴리 호수를 건너면 바로 닿을 수 있는 곳이 바로 거라사였습니다. 그런데 거라사는 유대인들이 가장 경멸하는 가축인 돼지를 치는 곳이었습니다. 유대인들이 사는 곳과 가장 가까운 곳에 그들이 가장 경멸하고 더럽게 여기는 시설들이 있었던 것입니다.

　예수님에게 갈릴리는 유대인들이 주로 사는 막달라로부터 벳새다로 이어지는 갈릴리 호수 북쪽 영역에 제한되지 않았습니다. 예수님께서는 더 많은 사람에게 구원의 길을 보이고자 갈릴리의 확장된 영역으로 가셨습니다. 그렇게 예수님께서는 수로보니게와 드라고닛

Traconitis이라고 불리는 가이사랴 빌립보로 가셨습니다. 그리고 어느 날 예수님께서는 가까운 곳 거라사, 그러나 가장 더러운 거라사를 바라보시며 "호수 저편으로 건너가자"라고 말씀하셨습니다눅 8:22. 예수님께서는 거기에서 군대 귀신에 사로잡힌 사람을 자유롭게 하시고, 그를 데가볼리 이방 땅의 사역자로 세우셨습니다눅 8:38-39. 하나님의 백성이 걷는 이방의 길은 때때로 가까운 곳에서 전개됩니다. 그런데 우리와 가장 가까운 곳에 있는 이방의 영역은 때로 우리가 가장 경멸하는 것들로 가득합니다. 그래서 우리는 턱 밑의 낯선 땅을 쉽게 간과합니다. 그러나 예수님을 보십시오. 그분은 가장 가까운 곳에 있는 더러움을 보지 않으셨습니다. 그 분은 거기서 신음하는 한 영혼을 보셨습니다. 우리 가장 가까운 이웃과 형제에게서 낯선 이방의 흔적을 느낀다면 그는 멀리할 대상이 아니라 더욱 품어 하나님의 사람으로 만들 대상입니다.

턱밑에 놓인 이방 세상을 향한 우리의 기도
가깝지만 먼 그 땅에도 변함없이 십자가 은혜를 전하게 하소서.

우리 가운데 있는 이방인들

마태복음 9장 9~13절

예수님 시대 유대인들의 사회는 이방인들과 죄인들에 대한 배제가 중요한 사회적인 과제였습니다. 그들은 아론의 아들 비느하스가 보인 '여호와의 열심the wrath of the Lord'을 모범 삼아민 25:6-11, 그들의 삶의 자리로부터 모든 부정한 것, 부정한 사람들을 몰아내는 일에 성실했습니다. 당연히 그들 사이에서 살아가는 정결하지 못한 이방인이나 세리, 창녀들은 죄인으로 여기고 멀리했습니다. 예수님의 제자 가운데 마태도 유대인 사회에서 죄인 취급을 받으며 사회적으로 배제되던 인물이었습니다. 가버나움 사람들 특히 유대교적 정결을 중요하게 여기던 사람들은 세리로써 로마를 위해 세금을 거두어들이는 일을 하는 마태를 경멸했습니다. 그가 요구하는 세금이야 어쩔 수 없이 납부하기는 하지만, 그런 일을 업으로 삼은 마태와는 말조차 섞으려 하지 않았습니다. 그런데 예수님께서는 사람들이 죄인 취급하는 마태를 제자로 부르셨습니다. 이어서 제자가 된 마태의 집에 가서서 그곳에 모인 죄인들 그러니까 창녀와 다른 세리들과 한 밥상에서 식사를 나누셨습니다. 가버나움의 종교적인 열정이 가득한 사람들은 마태를 배제하는 일에 열심이었으나 예수님께서는 그를 오히려 품으시고 제

자로 삼으셨습니다.

　마태는 우리 삶의 한 가운데서 우리와 살아가는 낯선 이방인을 상징합니다. 사람들은 낯선 이방인이며 죄인인 우리의 마태를 어떻게든 우리 지경에서 밀어내고 멀리하여 격리하려 하지만, 우리 하나님의 백성은 오히려 그들과 함께하고 그들과 가까이하는 가운데 그들에게 범죄하지 않는 길, 바른 길을 안내합니다. 우리 가운데 들어와 있는 낯선 이들은 우리가 배제할 대상이 아니라 예수님의 십자가 은혜 아래에서 포용해야 할 사람들입니다. 우리는 멀리 있는 이방 땅을 위해 기도하고 그곳을 예수 그리스도의 복음으로 새롭게 할 선교 사역을 도모합니다. 그리고 그들의 낯선 모습에 대해서 이해하고 포용할 준비를 합니다. 그러나 막상 우리 삶의 한복판에 들어와 우리와 함께 살아가는 낯선 이들, 죄인들의 모습을 한 이방인에 대해서는 아무런 준비도 하지 못합니다. 이제 마태를 부르시고 그와 더불어 식사하시는 예수님에게서 우리는 배제가 아닌 포용의 대상으로서 우리 가운데 이방인들을 돌아보아야 합니다. 그리고 예수의 이름으로 그들과 더불어 함께할 식탁을 준비해야 합니다. 우리에게 이방의 길은 먼 곳에만 있지 않습니다. 그 길은 우리가 살아가고 예배하는 한가운데를 관통합니다.

우리 사이 낯선 이방인과 함께 드리는 기도

주께서 허락하신 이들과 더불어 교제하는 가운데 하나님 나라를 보게 하소서.

이방인과 함께 걷기

갈라디아서 2장 1-5절

바울이 1차 전도여행을 마치고 안디옥으로 돌아왔을 때, 안디옥교회와 예루살렘교회 사이에는 한 가지 문제로 갈등을 겪고 있었습니다. 정결하지 못한 이방인에게 선교하고 교제하는 일이 옳은지에 대한 문제였습니다. 예루살렘으로부터 올라온 몇몇 사람들은 안디옥교회의 이방인 성도들이 할례를 받지 않고 유대교에 귀의하지 않는 것이 문제라고 주장했습니다. 그러나 바울은 이방인에게 예수 그리스도의 복음이 전파된다는 것은 유대인의 율법으로 들어오는 것이 아니라고 생각했습니다. 바울은 이방인이 그리스도인이 된다는 것은 오직 예수 그리스도의 십자가 죽으심과 부활로 주어진 구원의 은혜 가운데 참여하는 것임을 분명히 했습니다갈 2:16-20. 바울은 그의 주장을 나누기 위해 안디옥교회의 허락을 받아 예루살렘으로 갔습니다. 그런데 그의 예루살렘 길에는 이방인 제자인 디도가 동행했습니다. 디도는 할례를 받지 않은 이방인이지만갈 2:3 바울에게 세례받고 훈련받은 예수님의 사람이었습니다. 디도는 바울과 함께 예루살렘 길을 동행하며 예수님의 사람으로 선다는 것은 유대인이 되는 것이 아니라 그리스도인이 되는 것임을 밝히는 중요한 모범이 되었습니다.

　하나님의 백성이 걷는 선교의 길은 자기중심의 교조教條와 규범規
範 가운데로 이방인들을 끌어들이는 일이 아닙니다. 하나님의 백성
은 이방인들을 자기가 아닌 예수 그리스도에게로 인도하여 예수님의
사람이 되도록 하는 길을 걷습니다. 예수님의 십자가로 인도하는 일

은 이방의 길에서 무엇보다 중요한 과제이며 사명입니다. 바울은 제자 디도를 유대인화하지 않았습니다. 그렇다고 그를 무도한 이방 세계의 일원으로 방치하지도 않았습니다. 바울은 제자 디도를 예수의 사람이 되도록 안내했습니다. 바울은 디도가 "여러 교회의 사자이며 그리스도의 영광"이라고 했습니다 고후 8:23. 바울은 디도가 자기 이득을 취하는 사람이 아니라 바울 자신과 "동일한 성령으로 행하는" 사람이라고 강조했습니다 고후 12:18. 바울은 그렇게 디도를 참 하나님의 사람, 예수 그리스도의 십자가의 도리에 온전히 서 있는 사람으로 세운 뒤 그를 자랑스러워하면서 그와 동행하고 있습니다. 우리가 걷는 이방의 길은 예수 그리스도의 십자가를 향한 길이어야 합니다. 우리가 걷는 이방 선교의 길이 온전히 십자가를 향할 때 우리의 이방 형제들은 우리의 동행자가 될 것이며 나아가 동역자가 될 것입니다.

이방인 동역자를 세우고 그들과 함께 드리는 기도

주께서 보내주신 귀한 동역자와 동행하는 가운데 주의 나라가 확장되기를 기원합니다.

예수님과 함께하는 식탁

요한계시록 3장 20절

예수님께서는 사역하시는 내내 곳곳에서 식탁을 펼치셨습니다. 예수님의 식탁은 가버나움에서 죄인이라 여기는 이들을 구원의 자리로 부르는 식탁이었습니다마 8:9-13. 또 예수님께서는 삭개오를 비롯해 배제된 이들을 아브라함의 자손으로 다시 초대하는 식탁도 여셨습니다눅 19:1-10. 예수님의 식탁 초대는 한때 제자의 자리에서 벗어났던 사람들을 다시 초대하여 제자로 다시 세우시는 자리이기도 했습니다. 베드로가 그랬고 엠마오로 가던 두 제자가 그랬습니다눅 24:13-35, 요 21:12-14. 그뿐이 아닙니다. 예수님께서는 헤롯 안티파스에 의해 버려진 수많은 사람을 하늘의 축복이 임재하는 오병이어 잔치의 자리로 초대하기도 하셨습니다9:1-17. 예수님의 식탁은 거절당하고 외면당한 사람들, 변방으로 밀려난 사람들 혹은 갈 길을 몰라 방황하는 사람들을 위해 차려진 회복과 부흥의 자리입니다. 예수님께서는 세상으로부터 버려졌을지언정 당신의 초대에 응하기만 하면 "그에게로 들어가 그로 더불어 먹고 그는 나로 더불어 먹으리라"라고 말씀하십니다. 그리고 세상 모든 간절한 영혼들을 당신의 식탁으로 부르십니다계 3:20.

하나님의 백성이 걷는 이방의 길은 예수님께서 세상 구원을 위해

걸으셨던 길을 닮습니다. 예수님께서는 십자가 죽으심과 부활의 여정 곳곳에서 테이블을 펼치시고 식사 자리를 여십니다. 그리고 사역의 길에서 만난 다양한 사람들을 그 자리로 초대하십니다. 예수님께서 초대하시는 식탁은 참여의 제한이 없습니다. 예수님의 식탁은 의

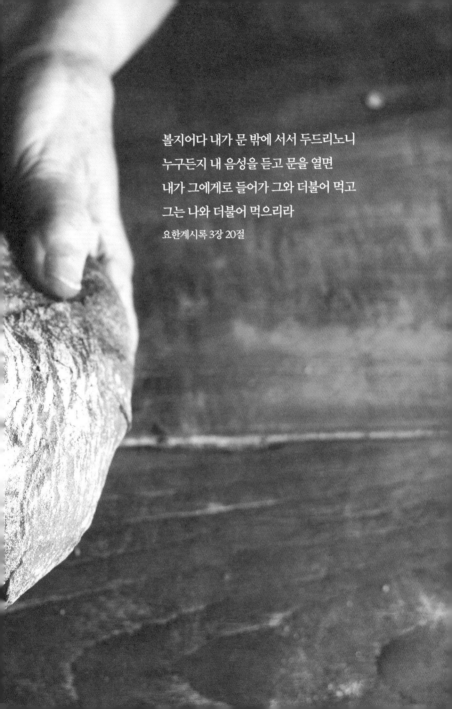

볼지어다 내가 문 밖에 서서 두드리노니
누구든지 내 음성을 듣고 문을 열면
내가 그에게로 들어가 그와 더불어 먹고
그는 나와 더불어 먹으리라

요한계시록 3장 20절

인과 죄인, 유대인과 이방인, 신앙인과 비신앙인 누구에게나 열린 자리입니다. 중요한 것은 그가 어떤 삶을 살았든 예수님의 식탁으로 나아와 예수님께서 택하셔서 축사하시고 베푸시는 떡과 포도주를 함께하는 가운데, 예수님의 공동체의 일원이 되는 것입니다. 그리고 온전하게 회복하시는 은혜를 경험하는 것입니다. 오늘 우리 역시 부르심 받아 걷는 이방의 길에서 예수님의 식탁을 열어야 합니다. 그래서 우리가 그 길에서 만나는 사람들, 특히 빼앗기고 거절당하고 쫓겨나 애통하여 슬퍼하는 영혼에게 위로와 회복의 연회를 베풀어야 합니다. 무엇보다 예수님께서 함께하시는 식탁을 통해 그의 육신과 마음, 영혼이 양식을 얻어 온전하게 회복하여 부흥하도록 해야 합니다. 이방의 길은 예수 그리스도와 함께 식탁의 교제를 나누는 길입니다. 길위에 펼쳐진 예수님의 식탁은 우리와 그들 모두에게 '살림'입니다.

이방의 길에서 주님과 더불어 베푸는 식탁의 기도
주님과 함께하는 이 나눔의 시간에 우리와 그들이 모두 생명을 누리게 하소서.

그리스도 예수 안에서

에베소서 2장 11~19절

주후 62년경 바울은 로마에 갇혀 있었습니다. 그때 바울은 에베소나 골로새, 빌립보 교회 등 그가 이방의 땅에 세운 교회들에 지극한 관심을 가지고 있었습니다. 바울은 이들 이방의 교회들이 예수 그리스도의 교회로 온전하게 세워지기를 바랐습니다. 소아시아와 마게도냐 그리고 아가야 등에 있는 이방인들의 교회는 바울이 온갖 고초를 겪으며 세웠고 양육하여 지도하고 이끈 교회들입니다. 그는 빌립보에서 루디아를 통해 공동체를 일구면서 불의하게 체포되어 옥에 갇히기도 했습니다. 데살로니가와 아덴, 그리고 고린도에서는 온갖 비방과 모함 가운데에도 그곳 이방인들에게 예수 그리스도를 전하여 가르치고 교회를 일구도록 이끌었습니다. 에베소에서는 도시 전체가 큰 소동에 빠져드는 상황에서도 오랫동안 가르치며 '제자들'을 양성하기도 했습니다. 리쿠스 계곡의 교회들, 곧 골로새와 라오디게아 그리고 히에라볼리의 이방인들에게도 각별한 관심을 기울이는 가운데 늘 편지하고 권면하여 그들이 복음 가운데 성장하도록 인도했습니다. 바울은 이 모든 수고를 통해 한 가지를 바랐습니다. 이방인들이 유대교나 이방의 어떤 초등학문이 아니라 '예수 그리스도의 십자가

안에서' 온전히 세워지는 것입니다.

바울의 옥에 갇히기까지 하는 수고는 이방인들을 구원으로 인도하기 위함이었습니다엡 3:1. 바울은 이방인들이 "측량할 수 없는 그리스도의 풍성함을" 누리게 되기를 바랐습니다엡 3:8. 바울이 바라본 예수님은 하나님에게서 멀어진 이방인들을 하나님 가까이 이르게 하고 그 은혜 아래 '하나님의 권속'이 되도록 애쓰신 분이었습니다엡 2:16-19. 바울은 이제 예수님의 십자가 헌신과 자신의 수고로 "이방인들이 복음으로 말미암아 그리스도 예수 안에서 함께 상속자가 되고 함께 지체가 되고 함께 약속에 참여하는 자가" 되기를 바랍니다엡 3:6. 바울이 바란 것은 오직 하나입니다. 이방인 형제들이 '그리스도 안에서en Christō, in Christ, 엡 2:13' 자신과 및 유대인을 포함한 다른 형제들과 막힘없이 온전히 하나 되는 것입니다. 이제 예수님의 십자가 헌신, 이방인과 우리가 온전히 하나가 되기를 바라며 이루신 수고와 헌신을 아는 마음들이 우리 가운데 일어나기를 바랍니다. '그리스도 안에서' 서로를 하나로 연결하여 하나님의 나라를 이루려는 시도가 꾸준히 이어지기를 바랍니다. 하나님의 나라는 십자가의 도리를 찬양하는 뭇 백성들이 하나님의 통치 아래 이루는 나라입니다.

모든 이방인들이 그리스도 안에서 하나 되기를 바라는 기도
오늘 이방인들과 우리가 예수 그리스도의 십자가 은혜 안에서 하나 되게 하소서.

각 나라와 족속과 백성과 방언에서

요한계시록 7장 9~12절

도미티아누스 황제가 다스리던 시절, 로마 제국은 황제숭배의 열풍에 휩싸였습니다. 황제는 자신을 신격화하고 각 도시에 자신의 신상과 신전을 세우도록 지시했습니다. 에베소에도 도미티아누스의 신전이 들어섰습니다. 신전은 도시 상부에서 하부로 내려가는 유명한 쿠레테스 거리Curetes Street 한쪽에 멋지고 화려하게 세워졌습니다. 황제는 에베소의 시민이라면 누구든 자신의 신전에서 절해야 한다고 명령했습니다. 그렇게 로마제국 전체를 황제 숭배의 이데올로기 아래 복종시켰습니다. 에베소의 교회와 그때 교회를 이끌던 사도 요한은 그것을 거부했습니다. 그리고 많은 이들이 박해를 받아 순교했습니다. 요한도 박해를 받았습니다. 그도 순교를 당할 뻔했으나 이후 황제의 은광산이 있는 밧모섬에 유배되었습니다. 그곳에서 요한은 하나님을 대적하는 이방 나라의 끝판 로마의 실체를 보았습니다. 그리고 거기서 이방 나라의 끝을 모르는 교만과 자만을 꺾으시고 당신의 나라를 여시는 하나님의 종말을 환상으로 보았습니다. 그런데 요한이 본 환상 가운데 놀라운 것이 있습니다. 하나님께서 "각 나라와 족속과 백성과 방언"으로부터 수를 헤아릴 수 없는 많은 이들을 구원의

자리에 채우시는 모습이었습니다.

하나님께서는 당신의 최종 구원의 자리에 각양의 사람들을 채우십니다. 그들은 출신이 다르고 배경이 다르며 삶의 방식이 다르고 언어가 다른 사람들입니다. 그들은 각자의 이방 땅에서 온 사람들입니

큰 소리로 외쳐 이르되 구원하심이 보좌에 앉으신

우리 하나님과 어린 양에게 있도다 하니

요한계시록 7장 10절

JESUS YOU'RE THE NAME WE'RE LIFTING HIGH
GLORY SHAKING UP THE EARTH AND SKIES

다. 그들은 그곳에서 이방 나라의 폭압적인 압제에 시달리면서 그 땅의 불의한 가치를 따르지 않고 예수 그리스도의 십자가 은혜 안에서 하나님의 구원을 기다린 사람들입니다. 마지막 환상을 보고 있는 요한에게 하늘의 한 장로가 묻습니다. "이 흰 옷 입은 자들이 누구며 또 어디서 왔느냐." 그들은 이방 나라가 일으키는 "큰 환난에서 나오는 자들인데 어린 양의 피에 그 옷을 씻어 희게 된" 사람들이었습니다계 7:13-14. 그들은 여러 곳에서 서로 다른 삶 가운데 나왔지만, 모두 하나같이 예수 그리스의 은혜 가운데 온전함을 얻은 사람들이었습니다. 요한이 본 마지막 때의 환상은 우리 하나님의 백성 모두의 비전입니다. 그것은 하나님의 구원과 회복이 이방 땅 각 나라와 족속과 백성과 방언 가운데 신앙을 지킨 '모든 이들'에게 이루어진다는 것입니다. 종교와 신앙마저 이기적인 '우리에게만' 귀속시키려는 이방의 시대에 요한의 환상은 하나의 표지석과 같습니다. 우리가 가는 이방의 길에 포용의 선교적 바른 방향을 일러주는 표지석 말입니다.

모두의 구원을 향한 종말의 여정에서 드리는 기도

하나님의 뜻하시고 계획하신 모든 이들이 어린양을 찬양하는 그날을 보게 하소서.

Forty day Meditations for Spiritual Pilgrims

Epilogue

부활의 날에

그리스도께서 죽으셨다가 영광으로 다시 살아나신 날

하나님께서는 당신의 유리하는 백성들을 돌아오게 하십니다.

하나님께서는 당신의 방랑하는 자녀들을 집으로 부르십니다.

이 세상을 곤고한 나그네로 살던 하나님의 백성뿐 아니라

허망한 방탕함에 젖어 자신을 소진하며 살던 탕자나

혹은 무도함에 빠져 세상을 황폐하게 만들던 가인의 자손일지라도

예수를 이 세상 참된 구주로 부르며

그 십자가 도리를 알고 있다고 고백하는 이라면 누구든

하나님의 귀환을 알리는 큰 외침을 들은 사람은 다

시온산 여호와 하나님의 은혜 아래로 돌아올 수 있습니다.

그날에 구원의 부름을 받은 모든 사람은 한마음으로

어린양 예수의 십자가 은혜와 능력을 찬양하며

하나님께서 새롭게 완성하신 새 예루살렘 입성을 감사하며

하나님의 공의로운 율례와 도리로 서는 그 나라를 기뻐합니다.

하나님께서 이끄시는 그 나라는 더 이상

이방의 땅에서 경험하던 가난과 비천함이 없으며

이방의 그 나라들에서 흘리던 애통의 눈물이 없습니다.

그 나라는 어린아이들이 어떤 맹수에게도 안전하고

힘없고 연약한 자들이 제집인 양 큰 거리를 활보하며

나그네들이 각자 편안한 마음으로 누울 집을 얻습니다.

그곳에는 수고한 모든 자기 백성을 위한 하나님의 위로가 있습니다.

예수님이 부활하신 그날, 하나님의 뜻이 성취된 그 날에 우리는

우리를 창조하시고 섭리하시며 구원하신 하나님 앞에

기대를 넘어서는 각양의 다양한 사람들이 서 있는 것을 보게 됩니다.

그들이 우리와 동일하게 하나님의 은혜로운 말씀을 암송하며

동일한 종류의 하나님을 찬양하는 노래를 부르는 것을 보게 됩니다.

그들과 우리가 모두 어린양 예수의 사랑을 누리는 것을 알게 됩니다.

그때 우리는 그들이 우리에게 와서 이렇게 말하는 것을 듣게 됩니다.

"우리는 당신들이 우리 이방의 땅을 향해 구원의 빛이 되어준 것을

잘 기억하고 있으며 우리는 여러분의 노력에 감사합니다."

그들은 이어서 이렇게 말합니다.

"여러분의 수고와 헌신으로 지금 우리가 이 자리에 서 있습니다."

이제 우리와 그들은 함께 손을 잡고 하나님을 찬양합니다.

예수님이 부활하신 그날, 이방 권세에 승리를 선포하신 그날

우리는 그리스도 예수 안에서 하나 된 그들과 함께

오직 한 분 하나님을 예배합니다.